THOMAS ANDERS
MODERN COOKING
EINFACH LECKER ANDERS

TRETORRI

INHALT

WARUM DIESES BUCH, AUSGERECHNET EIN KOCHBUCH?

Um es gleich vorweg zu nehmen: Keine Angst, von Bühne und Tonstudio in die Küche und an den Herd zu wechseln, ist nicht meine Absicht! Dazu habe ich unter anderem viel zu viel Respekt vor den Großen der Kochzunft und bin ein viel zu leidenschaftlicher Sänger, Musiker und Komponist. Der große Luxus in meinem Leben jedoch ist, das tun zu können, was mir Spaß macht. Dies ist – neben der Musik – vor allem das Kochen. Und diese Freude, die ich dabei empfinde, möchte ich mit Ihnen teilen.

Ein Essen zu planen, dafür einzukaufen und es zuzubereiten, entspannt mich, ist für mich purer Genuss. Freunde einzuladen und sie zu bewirten, sollte etwas Schönes sein, wie ich finde, und keinen Stress verursachen. Was nützen Gastgeber, die völlig erledigt am Tisch fast einschlafen, weil sie total geschafft sind von den tagelangen und mühseligen Vorbereitungen zu einem Abendessen? Bedarf es eines Gourmetmenüs, wenn man mit lieben Menschen zusammensitzen möchte, die man oft viel zu lange nicht gesehen hat? Meine Überzeugung ist: nein!

Ich bevorzuge in der Regel unkomplizierte Gerichte, die sich abwandeln lassen. Im Alltag muss auch mal etwas schneller auf den Tisch kommen als an Tagen, die ich mir frei einteilen kann. Obwohl ich gern Trends aufgreife und Neues ausprobiere, gibt es in meinem Buch keine Tipps für Low Carb oder ähnliches. Zu viel Nachdenken schmälert den Genuss. Ich lasse mich eher von meiner Kreativität leiten und komponiere dann die Zutaten. Anregungen gibt es schließlich mehr als genug.

Übrigens, für diejenigen, die sich schon die ganze Zeit fragen, warum eigentlich im Hause Anders der Kerl mit der Schürze am Herd steht: Ich koche, wie eingangs erwähnt, wirklich gern und offensichtlich recht ordentlich (denn wenn Familie und Freunde meine Kreationen essen, sind die Teller jedes Mal blitzblank geputzt). Meine Frau Claudia würde dagegen im Zweifel stets den Baumarkt – in dem ich verloren zwischen den Regalen wäre – der Küche vorziehen und sorgt darüber hinaus lieber mit Hingabe für einen schön gedeckten Tisch. Und weil wir ein „Modern Couple" sind, klappt diese Arbeitsteilung seit über zwanzig Jahren ganz wunderbar …

KOCHEN, DAS IST FÜR MICH PURE LEBENSFREUDE

LUST AUFS EXPERIMENTIEREN = FREUDE AM ERGEBNIS

Erdbeerkuchen, mit einem selbst gebackenen Biskuitteig. Das war mein allererstes Werk in der heimischen Küche meiner Eltern – und nicht etwa ein Beitrag zum Mittagessen. Nein, ein Erdbeerkuchen, auf den ich als 12-Jähriger samstags ganz plötzlich unbändige Lust bekam, als meine Eltern in Koblenz zum Einkaufen unterwegs waren. Nie zuvor hatte ich gebacken, nie zuvor dabei geholfen. Wenn man mal davon absieht, dass ich gern die Teigreste aus der Schüssel schleckte. Aber, so dachte ich mir, allzu schwer kann es doch nicht sein! Also griff ich mir das Backbuch meiner Mutter, schaute nach dem Rezept und machte mich ans Werk. Suchte die nötigen Zutaten zusammen, bereitete den Teig, achtete genau auf die Ofentemperatur und Backzeit. Pflückte frische Erdbeeren aus unserem Garten und überzog das Ganze mit einem Tortenguss. Wie mein erster Kuchen schmeckte, weiß ich nicht mehr. Aber die verblüfften Gesichter meiner Mutter und meines Vaters, als ich ihn am Nachmittag zum Kaffee präsentierte, werde ich sicherlich nie vergessen.

Warum ich das erzähle? Die Lust auf etwas Bestimmtes weckte bei mir die Lust aufs Ausprobieren. Ich hatte keine Angst davor es zu versuchen, geschweige denn davor, dass der Kuchen misslingen könnte. Angst, so sehe ich das, ist ohnehin ein schlechter Ratgeber – auch und vielleicht gerade beim Kochen. Und wenn es doch schief geht? Kein Problem! Dann beginne ich von vorn. Das ist ja das Schöne, wenn man sich an ein neues Rezept wagt: Ich habe in relativ kurzer Zeit ein (meistens) positives Resultat und somit ein Erfolgserlebnis.

EIN SINNLICHES VERGNÜGEN

Kochen kann Entspannung bedeuten, zumindest ist das in der Regel bei mir der Fall. Natürlich kenne auch ich die Notwendigkeit, ein hungriges Kind nach der Schule zu versorgen, das beim Anblick dessen, was auf seinem Teller liegt, die Nase rümpft. Vor allem, wenn es sich nicht um die geliebten Nudeln mit Tomatensauce handelt, sondern um das, was besorgte Eltern unter „etwas Ordentlichem" verstehen. Auch der Gedanke „Was koche ich heute?", ist mir sehr vertraut; ebenso das Einkaufen kurz vor Geschäftsschluss, weil man es einfach vorher nicht geschafft hat, ist mir durchaus bekannt.

Wieso also Entspannung? Zum einen, weil ich es liebe, zu Hause zu sein, ganz besonders nach anstrengenden Reisen, und mein Essen wieder selbst zubereiten zu können. Zum anderen, weil Kochen letztlich etwas ist, was ich als sehr sinnlich empfinde. Im wahrsten Sinne des Wortes: Ich sehe, fühle, rieche, schmecke. Und natürlich höre ich auch, wenn etwas brutzelt, schmort oder vor sich hin kocht und selbstverständlich, wenn ich in etwas Knuspriges beiße. Tatsächlich ist für mich sogar bereits das Einkaufen der Zutaten entspannend, immer vorausgesetzt, dass ich mir die Zeit dazu nehmen kann. Der kreative Prozess der Zubereitung setzt ja schon ein, wenn ich mir überlege, was eigentlich in die Pfanne oder den Topf, in den Ofen oder auf den Grill soll. Wonach steht mir der Sinn? Was könnte meiner Frau, meinem Sohn, meinen Gästen schmecken? Im weitesten Sinne ist es, als würde ich ein Lied komponieren. Welche Akkorde ergeben die schönsten Harmonien, was könnte gefallen? Nur, dass beim Kochen alles deutlich schneller zu einem positiven Ergebnis führt!

DAS A & O: DIE RICHTIGEN ZUTATEN

Ich selbst bezeichne mich als „Jahreszeitenkoch". Auch wenn ich Erdbeeren beispielsweise immer noch so liebe wie als Junge, im Dezember würde ich sie nie kaufen. Saisonales Obst und Gemüse, das möglichst aus der nahen Umgebung stammt, sind meine Favoriten. (Einige Ausnahme von dieser Regel: Mangos, Ananas und Avocados, die zu meinem großen Bedauern bei uns nicht wachsen.) So freue ich mich auf Spargel im Frühling ebenso unbändig wie etwa auf Beeren im Sommer. Gibt es im Herbst frische Pfifferlinge, ist meine Frau immer noch genauso begeistert, wenn ich sie mit Bandnudeln serviere, wie beim allerersten Mal, als ich für sie gekocht habe. Zudem ist mir etwas anderes ebenfalls sehr wichtig: Ich achte auf gute Zutaten, auf frisches Gemüse, auf qualitativ hochwertiges Fleisch und Geflügel sowie auf nachhaltig gefangenen Fisch. Der Rest ergibt sich von selbst. Fast.

INSPIRATIONEN AUS ALLER WELT

Natürlich hat sich mein Kochstil über die Jahre immer mal wieder verändert, was nicht überraschen dürfte. Während ich als „Anfänger in der Küche" sämtliche Zutaten in einem Wok asiatisch anmutend und tatsächlich schmackhaft zubereitet habe, bin ich heute ein ambitionierter Hobbykoch, der gern Neues ausprobiert. Während meiner Tourneen im Ausland, sei es in den USA, in Russland oder im Mittleren Osten, entdecke ich häufig Inspirierendes, das ich dann zu Hause für meine Familie nachkoche. Dafür bringe ich beispielsweise gern entsprechende Gewürze mit. So habe ich in Kalifornien die „heißesten" Chilischoten entdeckt (ich liebe scharfes Essen!), habe in Dubai Ras el Hanout kennengelernt – ein Gewürz, das übrigens auch herrlich zu gegrillten Garnelen passt – und bereits vor Jahren in Russland meine Vorliebe für Piroggen entwickelt.

VORLIEBEN UND GESCHMACK

So wie sich meine Art zu kochen im Laufe der Zeit verändert hat, ist auch mein Geschmack heute ein anderer als früher. Als Kind aß ich gern Speck und Rosinen, natürlich nicht zwangsläufig zusammen, was ich beides heute überhaupt nicht mehr nachvollziehen kann. Mit einer Ausnahme allerdings beim Speck: wenn er schön knusprig ausgebacken ist, wie bei meinem Dattel- oder Schweinefiletrezept! Gerichte mit Rosenkohl wird man in meinem Buch nicht finden, Karotten wiederum liebe ich seit jeher in jeder Form: roh, gegrillt, gedünstet, karamellisiert, geraspelt, als Suppe, Rösti ... Wirsing, in meiner Kindheit völlig abgelehnt, mag ich inzwischen durchaus, zum Beispiel in Kombination mit feinem Parmaschinken. Auberginen? Eher nicht, weil ich sie als geschmacksneutral empfinde, selbst wenn sie mariniert werden, wie in Italien üblich. Die Ausnahme: zubereitet als Baba Ghanoush, unverzichtbarer Bestandteil orientalischer Vorspeisen, wie sie in Dubai oder Marokko üblich sind. Salate aber sind für mich seit vielen Jahren ein Muss! Je frischer, desto besser und je nach Zutaten sogar als Hauptgang. Gern getoppt mit gebratenen Garnelen, gerösteten Nüssen oder selbst gemachten Croûtons (übrigens perfekt, um altes Brot „loszuwerden"), jedoch stets ohne Tomaten. Welches Dressing ich dazu reiche, entscheide ich nach Lust und Laune: eine fruchtige Vinaigrette oder doch lieber eine reichhaltigere Salatcreme?

Etwas, das ich allerdings bis heute ganz und gar nicht esse, ist Butter. Natürlich im Kuchen oder in manchen Gerichten als Geschmacksträger, aber auf gar keinen Fall auf einem Brot und sei sie noch so dünn darauf „gekratzt". Bereits mit vier Jahren bestand ich darauf, mein Abendbrot selbst zu machen, damit mir niemand Butter dazu „schmuggeln" konnte. Denn wie vermutlich jede Mutter dieser Generation war selbstverständlich auch meine davon überzeugt, dass aus Kindern nur etwas werden kann, wenn „gute Butter" zum Wachstum beiträgt. Übrigens, auch unser Sohn Alexander teilt diese Abneigung ...

GESCHMACKSVERSTÄRKER? ABSOLUT NICHT NÖTIG!

Letztlich ist aber Geschmack etwas, was sich schulen lässt und sich weiterentwickelt. Während ich in jungen Jahren durchaus gelegentlich auf sogenanntes Convenience-Food zurückgriff, wenn ich Heißhunger hatte, kommt es heute nicht mehr vor. Mich schrecken der Inhalt, die Emulgatoren, die Zusatzstoffe, die Geschmacksverstärker ab ... Ich möchte wissen, was im Essen enthalten ist. Auch deshalb koche ich gern so naturbelassen wie möglich für meine Familie und mich. Wie sich Wahrnehmung und Geschmack verändern, stellen wir gerade bei unserem Sohn fest, der, wie für die meisten Teenager üblich, auch auf „Fast Food" steht. Aber: Während noch bis vor kurzer Zeit ein Burger unbedingt von einer der großen Ketten sein musste, bevorzugt er allmählich „richtiges Fleisch" statt der üblichen „Industrie-Pattys". An warmen Tagen stehen wir Männer dann am Grill, fachsimpeln über die besten Zutaten zu Brötchen und Pattys und sind uns sehr einig. Wir finden nämlich beide, dass selbst gemachte Sauce dazu besser schmeckt als gekaufter Ketchup, und wir brauchen beide unbedingt frischen Salat, damit das Ganze schön „knackig" schmeckt. Ich toppe das noch mit Senf. Natürlich. Meine Frau und mein Sohn lachen immer, weil der für mich zu fast jedem Essen unverzichtbar ist. Desserts einmal ausgenommen!

Grundsätzlich sind meine Rezepte so gehalten, dass jede und jeder sie einfach nachkochen kann. Die Zutaten kaufe ich in der Regel vor Ort bei meinem Metzger des Vertrauens, Uwe Schmidt, in Koblenz und den ansässigen Obst- und Gemüsehändlern, alles andere bekomme ich zumeist im gut sortierten Supermarkt. Manche Gewürze allerdings, wie beispielsweise Ras el Hanout oder Malabar-Pfeffer, besorge ich mir direkt in der Koblenzer Altstadt bei Pfeffersack & Soehne (für alle, die nicht hier wohnen: Man kann dort auch online bestellen). Bei mir zu Hause setze ich gelegentlich meine Küchenmaschine ein, um den einen oder anderen Arbeitsschritt zu erleichtern, ebenso wie einen Stabmixer, zum Beispiel bei Dips oder Saucen. Eine Eismaschine etwa erleichtert die Zubereitung für mein Mango- oder Birnen-Basilikum-Sorbet, ist aber nicht unbedingt nötig. Man kann auch in regelmäßigen Abständen die Masse von Hand umrühren, damit die Eiskristalle nicht zu groß werden und das Sorbet eine cremige Konsistenz erhält. Davon abgesehen, liebe ich die Handarbeit bei der Zubereitung, das Schälen und Schnibbeln, das Rühren und Probieren und was sonst noch so dazugehört. Auch das gehört für mich mit zur Entspannung, ist für mich fast eine meditative Aufgabe und macht mir wirklich Spaß.

GETEILTE FREUDE IST DOPPELTER GENUSS

Essen stillt letztlich so viel mehr als Hunger. Es spricht – wie erwähnt – alle Sinne an. Es dient der Kommunikation, auch und gerade in Zeiten, in denen die Tage mit Arbeit und tausend anderen Dingen vollgepackt sind. Vor allem aber dient es: der Lebensfreude. Das ist meine Überzeugung. Nicht nur deshalb, aber auch deshalb gibt es dieses Kochbuch. Um die Freude, die ich beim Kochen und Essen empfinde, auf diese Weise teilen zu können. Insbesondere mit den Menschen, die mir am Herzen liegen.

VORSPEISEN

KLASSISCHE VINAIGRETTE

FÜR CA. 400 ML

1 Schalotte
200 ml Olivenöl
100 ml Weißweinessig
100 ml Fleisch- oder Gemüsebrühe
Salz, Pfeffer
Zucker

Dieses Dressing ist schnell zubereitet und passt toll zu allen Blattsalaten: Schalotte schälen, in kleine Würfel schneiden und mit den restlichen flüssigen Zutaten gut verrühren. Zum Schluss mit Salz, Pfeffer und einer Prise Zucker abschmecken. Die Vinaigrette beispielsweise in ein Schraubglas mit Deckel füllen. Sie ist gekühlt ca. 1 Woche haltbar.

Für eine Kräuter-Vinaigrette rühre ich noch 2 EL gehackte Kräuter ganz nach Belieben und Saison unter.

JOGHURT-DRESSING

FÜR CA. 250 ML

1 unbehandelte Zitrone
½ Bund Schnittlauch
150 g Naturjoghurt
100 ml Sahne
Salz, Pfeffer
Zucker

Joghurt-Dressing liebe ich zu Kopfsalat. In Norddeutschland habe ich es mal in einer süßen Variante (nur mit Sahne ohne Joghurt) gegessen. Das war gewöhnungsbedürftig für mich. Ich bevorzuge dann doch die würzigere Version.

Hierfür zunächst die Zitrone heiß abwaschen, trocknen und die Schale fein abreiben. Zitrone halbieren und den Saft auspressen, den Schnittlauch waschen, trocken schütteln und in Röllchen schneiden. Joghurt und Sahne verrühren, Schnittlauch, Zitronensaft und -schale zugeben, mit Salz, Pfeffer und einer Prise Zucker abschmecken. Das Dressing in ein Schraubglas mit Deckel füllen und kalt stellen. Es ist gekühlt ca. 1 Woche haltbar.

„Ob Sommer oder Winter – für mich gehört ein Salat zum Essen, zumindest meistens. In den warmen Monaten ersetzt er häufig die Hauptmahlzeit. Die Dressings dazu sind – fast – das Wichtigste für mich, deshalb mache ich davon immer reichlich. Sollte es Reste geben, alle halten sich einige Tage, wenn sie gekühlt werden.“

FRENCH-DRESSING

FÜR CA. 500 ML

2 Zweige Thymian
1 Zweig Rosmarin
2 Schalotten
1 Knoblauchzehe
200 ml Fleischfond
3 frische Eigelb
250 ml Rapsöl
100 ml heller Obst- oder Apfelessig
20 g flüssiger Honig
2 Sardellenfilets
Salz, Pfeffer

Für diesen Klassiker, den ich gern mit Romanasalat kombiniere, erst einmal die Thymian- und Rosmarinzweige waschen und trocken schütteln. Schalotten und Knoblauchzehe schälen und in feine Scheiben schneiden. Mit Thymian, Rosmarin und dem Fond in einem Topf aufkochen und bei hoher Temperatur ca. 5 Minuten kochen lassen. Anschließend die Kräuter herausnehmen und etwas abkühlen lassen, damit die Eigelbe nicht gerinnen. Dann die übrigen Zutaten zugeben, salzen und pfeffern.

Alles pürieren und eventuell durch ein Sieb streichen. Das Dressing einige Stunden ziehen lassen. Es hält sich verschlossen und gekühlt ca. 3 Tage.

KARTOFFEL-DRESSING

FÜR CA. 500 ML

1 kleine Zwiebel
50 g Schinkenwürfel
60 ml Pflanzenöl
50 ml Weißwein
300 ml Fleisch- oder Gemüsebrühe
50 ml Essig
1 große Pellkartoffel
Salz, Pfeffer
Muskatnuss
Zucker

Wenn ich Appetit auf Feld- oder Kartoffelsalat habe (für letzteren verzichte ich selbstverständlich auf die Pellkartoffel, die Sämigkeit kommt dann durch die gekochten Kartoffeln), bereite ich dieses Dressing zu. Dafür zuerst die Zwiebel schälen, in kleine Würfel schneiden und dann in einem Topf zusammen mit dem Schinken in 1 EL heißem Öl anschwitzen. Mit Weißwein ablöschen. Brühe, Essig und das restliche Öl zugeben und aufkochen.

Die Kartoffel pellen, durch eine Kartoffelpresse drücken und kräftig unterrühren (siehe oben: nicht nötig für Kartoffelsalat!). Mit Salz, Pfeffer, frisch geriebener Muskatnuss und einer Prise Zucker abschmecken. Das Dressing lauwarm oder auch kalt über den Salat geben und servieren. Es hält sich in einem Schraubglas mit Deckel ca. 1 Woche im Kühlschrank.

SALSA VERDE

FÜR 4 PORTIONEN

1 Knoblauchzehe
6 Sardellenfilets in Öl
6 Cornichons
1 Bund Petersilie
1 Bund Basilikum
1 Bund Minze
1 EL Dijonsenf
1–2 EL Rotweinessig
2–3 EL Olivenöl
Salz, Pfeffer

Manchmal gibt es bei uns zum Essen nur Pellkartoffeln ohne was dazu. Außer: Salsa verde. Die grüne Sauce (nicht zu verwechseln mit der Frankfurter Variante!) passt aber auch ganz hervorragend zum Fisch in der Meersalzkruste von Seite 98. Sie ist rasch zubereitet: einfach Knoblauch schälen, fein hacken und in eine Schüssel geben. Die Sardellen abtropfen lassen und mit den Cornichons fein hacken. Petersilie, Basilikum und Minze waschen, trocken schütteln, Blätter von den Stängeln zupfen und ebenfalls fein hacken.
Mit dem Senf und dem Rotweinessig verrühren. Am Schluss Olivenöl zugeben, mit Salz und Pfeffer abschmecken. Schon fertig!
Übrigens: Salsa verde hält sich verschlossen im Kühlschrank ungefähr 1 Woche.

MAYONNAISE

FÜR CA. 200 G

1 frisches Eigelb
1 Spritzer Zitronensaft
1 Spritzer Weißweinessig
2 TL Senf
200 ml Sonnenblumenöl
Salz, Pfeffer

Natürlich kann man Mayo (schmecken Pommes eigentlich ohne? Nee, oder?) auch kaufen. Aber selbst gemacht ist sie einfach besser und im Übrigen gar nicht so schwer zuzubereiten. Erst einmal die Zutaten entsprechend vorbereiten und das Eigelb zusammen mit Zitronensaft, Weißweinessig und Senf in eine Schüssel geben. Alles mit einem Stabmixer pürieren. Dann das Sonnenblumenöl langsam in einem dünnen Strahl unter ständigem Mixen einlaufen lassen. Mit Salz und Pfeffer abschmecken. Schon fertig!

„Nichts geht über selbst gemachte Mayo! Bei der Herstellung ist ganz wichtig, dass alle Zutaten die gleiche Temperatur haben, sonst verbinden sich Öl und Ei nicht. Da rohes Eigelb verwendet wird, sollte es außerdem sehr frisch sein. Selbst gemachte Mayo ist daher auch nur kurze Zeit haltbar. Was meistens kein Problem ist, weil sie sowieso sofort aufgegessen wird. Mit fein geriebenem Knoblauch serviere ich sie als Aioli. Super zu Gemüsesticks oder Gegrilltem!“

„Für alle, die Dressing nur ‚geträufelt' lieben –, die Mengen im Rezept sind für vier Personen berechnet. Denjenigen, die eher meinen Geschmack teilen, sei verraten: Die Zutaten müssen verdoppelt werden."

INSEL-DRESSING

FÜR CA. 150 ML

2 Frühlingszwiebeln
1 große Essiggurke
2 Stängel glatte Petersilie
4 EL selbst gemachte Mayonnaise (siehe Seite 16)
3 EL Tomatenketchup
5 Tropfen Tabasco
2 TL Worcestersauce
Saft von ½ Zitrone
Salz, Pfeffer
Mineralwasser, nach Bedarf

Dieses Dressing ist eine Anlehnung an das bekannte Thousand-Island-Dressing, das ich vor vielen, vielen Jahren in den USA – wo auch sonst? – zum ersten Mal auf einem Salat hatte. Seitdem bin ich ein großer Fan. Für meine Variante verwende ich jedoch statt Paprika lieber frische Frühlingszwiebeln. Außer ich bin auf Ibiza, dort bekommt man herrlich aromatische Paprikaschoten. Die Frühlingszwiebeln wasche ich, schüttele sie trocken und schneide sie in feine Ringe. Die Essiggurke hacke ich fein. Die abgezupften Petersilienblätter hacke ich ebenfalls schön fein. Dann nur noch die restlichen Zutaten miteinander verrühren, sodass eine cremige Masse entsteht. Falls sie zu dickflüssig ist (was meistens der Fall ist), gebe ich noch einen Schuss sprudeliges Mineralwasser zu, denn die Kohlensäure macht die Sauce schön luftig. Zum Schluss die gehackten Zutaten unterrühren und alles pikant abschmecken.

ASIA-DRESSING

FÜR CA. 150 ML

1 rote Chilischote
1 Knoblauchzehe
3 cm Ingwer
1 gehäufter EL brauner Zucker
1 gestr. TL Salz
6 EL Limettensaft
3 EL Fischsauce
5 Stängel Koriander

Ich stehe total auf asiatische Küche, da darf eine Sauce im Asia Style natürlich nicht fehlen, die sich im Übrigen auch sehr gut zu Gegrilltem eignet oder aber zu Scampi. In den gekauften Asiasaucen sind mir häufig zu viele Zusatzstoffe, also habe ich ein bisschen experimentiert und eine eigene „kreiert". (Bei der Fischsauce auch mal einen Blick aufs Kleingedruckte werfen: Es sollten nur Sardellen und Salz enthalten sein.)

Entscheidend ist eine schön scharfe Chilischote, die ich entkerne und grob hacke. Den geschälten Knoblauch und Ingwer ebenfalls grob klein hacken. Dann gebe ich alles mit braunem Zucker und Salz in einen Mörser und zerreibe das Ganze zu einer Paste. Wenn es mal etwas schneller gehen muss, mixe ich es mit meinem Stabmixer einfach auf. Noch Limettensaft und Fischsauce unterrühren. Ganz zum Schluss den Koriander waschen, trocken schütteln, mit den feinen Stängeln hacken und unterrühren. Fertig!

RUCOLA-KAROTTEN-ORANGEN-SALAT

FÜR 4 PERSONEN

1 Bund Rucola
2 Karotten
2 Orangen
1 rote Zwiebel
1 walnussgroßes Stück Ingwer
2 Limetten
5 EL Olivenöl
3 EL flüssiger Honig
Salz, Pfeffer
1 EL geröstete Sonnenblumenkerne
8 Scheiben Serranoschinken

An heißen Tagen esse ich sehr gern Salat. An kalten allerdings ebenso. Rucola bekommt man fast über das ganze Jahr, am besten schmeckt er jedoch aus dem Freiland im Sommer.

Für diese Salatvariation putze und wasche ich erst einmal den Rucola und schleudere diesen anschließend gut, damit das Dressing nicht verwässert wird. Sehr lange Blätter halbiere ich, weil sie sich so besser verspeisen lassen und man sich nicht mit Salatsauce bekleckert (alles schon passiert…). Die geputzten und gewaschenen Karotten schäle ich (wenn es ganz junge sind, bürste ich sie auch nur) und hobele sie anschließend in dünne Scheiben. Dann schäle ich die Orangen samt der weißen Haut und trenne die Filets heraus. Nun noch die Zwiebel schälen und in dünne Ringe schneiden oder hobeln und den geschälten Ingwer in kleine Würfel schneiden. Zum Schluss presse ich die Limetten aus. Bekomme ich keine Limetten, nehme ich Zitronen, das verändert allerdings den Geschmack des Dressings etwas mehr ins Saure, sodass ich gegebenenfalls noch ein bisschen mehr Honig hinzufüge.

Ich vermische in einer Schüssel Rucola, Karottenscheiben, Orangenfilets sowie Zwiebelringe und bereite das Dressing zu. Hierfür verrühre ich Limettensaft, Olivenöl, Honig, Ingwer und schmecke es mit Salz und Pfeffer ab. Das Dressing vermenge ich mit dem Salat und verteile ihn dekorativ auf Teller. Das Ganze bestreue ich mit den gerösteten Sonnenblumenkernen und richte je zwei Scheiben Serranoschinken dazu an.

„Ich esse ja bekanntermaßen wirklich gern pikant. Hier jedoch reicht der scharf-pfeffrige Geschmack des Rucola für mich, vor allem weil durch die Frucht und den salzigen Schinken genügend eigenständige Gewürzkomponenten vorhanden sind."

WASSERMELONE MIT FETA, HONIG UND PINIENKERNEN

FÜR 4 PERSONEN

¼ Wassermelone
200 g Feta
2 EL Orangenblütenhonig
60 g Pinienkerne
3 Stängel Minze

Das ist die ideale Sommervorspeise: erfrischend lecker! Wichtig ist, eine schön süße und möglichst kernlose Wassermelone hierfür zu nehmen. Leider merkt man das erst, wenn man sie aufschneidet und probiert. Mein Gemüsehändler weiß allerdings immer genau, was ich brauche.

Zuerst schneide ich das Melonenviertel in fingerdicke Scheiben, entferne die Schale und schneide das Fruchtfleisch in Würfel. Den Feta schneide ich ebenfalls in Würfel, vermische diese mit der Melone und richte alles auf Tellern an. Ich beträufele alles schön gleichmäßig mit dem Honig. Nun röste ich nur noch die Pinienkerne in einer Pfanne ohne Fett und streue sie dann über die angerichteten Teller. Von der gewaschenen und natürlich trocken geschüttelten Minze zupfe ich die Blätter ab und dekoriere das Ganze damit.

„Den Feta gibt es nur aus Liebe zu Claudia, weil ich ja keinen Käse esse. Für mich nehme ich Serranoschinken statt Schafskäse, um eine salzige Komponente zu haben. Die Minze gibt einen absoluten ‚Sommer-Kick‘! Übrigens, unerlässlich zur Vorbereitung eines Essens sind gut geschärfte, große Messer. Speziell zum Zerteilen – wie hier die Melone. Für feinere und kleinere Arbeiten nehme auch ich allerdings lieber ein ‚Küchenkneipchen‘ in entsprechender Größe.“

LACHSTATAR-CROSTINI

FÜR 6 CROSTINI

40 g Staudensellerie
2 Frühlingszwiebeln
3 cm Ingwer
150 g Lachsfilet in Sushiqualität
1 TL gemahlener Wasabi bzw. Wasabi-Paste
2 EL Limettensaft
1 EL Orangen-Olivenöl
Meersalz, z. B. Maldon Sea Salt
6 Scheiben Baguette oder Ciabatta
Olivenöl zum Beträufeln

Zunächst putze, wasche und schäle ich den Staudensellerie und die Frühlingszwiebeln. Dann schneide ich alles in ganz feine Würfel bzw. Ringe. Den Ingwer schäle ich und reibe ihn sehr fein.

Zum Schluss bereite ich den Fisch für das Tatar vor, indem ich ihn wasche, trocken tupfe und mit einem sehr scharfen Messer ganz fein hacke.

Anschließend vermische ich den fein gewürfelten Staudensellerie mit den Zwiebelringen, dem Ingwer und Wasabi und hebe alles zusammen mit Limettensaft und Orangen-Olivenöl unter das Fischtatar. Schmecke das Ganze mit Meersalz ab und würze gegebenenfalls noch mit etwas Wasabi nach (ich esse gern scharf!).

Die Brotscheiben beträufele ich von beiden Seiten mit dem reinen Öl, röste sie rundum in einer heißen Pfanne schön knusprig an und nehme sie anschließend heraus. Etwas abkühlen lassen. Dann richte ich das Tatar auf den Crostinischeiben an und serviere es sofort, damit das Brot nicht durchweicht.

„Die gerösteten Brotscheibchen lassen sich natürlich beliebig toppen. Ich finde allerdings diese Kombination von unterschiedlichen Aromen absolut unübertroffen. Durch die Orangennote bekommt der Fisch eine fruchtige Komponente, die anders ist als das, was man so kennt. Das Brot darf ruhig ein bisschen älter sein, so lassen sich prima ‚Reste verwerten'. Übrigens: Statt Lachsfilet eignet sich für dieses Rezept auch Thunfisch in Sushiqualität."

AVOCADO-MANGO-TATAR MIT GARNELEN

FÜR 4 PERSONEN

75 g Rucola
1 Mango
1 Avocado
1 Schalotte
½ Bund Koriander
2 EL Zitronensaft
6 EL Olivenöl
½ TL Worcestersauce
1 Spritzer Tabasco
Salz, Pfeffer
8 küchenfertige Garnelen
1 Knoblauchzehe
2 Zweige Rosmarin
1 EL Rotweinessig

Zu Beginn bereite ich den Rucola vor. Also putzen, waschen, trocken schleudern und erst einmal beiseitestellen. Dann schäle ich die Mango, schneide das Fruchtfleisch vom Stein – das geht am besten mit einem wirklich scharfen Messer immer am Kern entlang – und dieses dann in ca. 1 cm kleine Würfel. Bei der Avocado ebenso, also schälen, halbieren, Kern auslösen und wie die Mango in kleine Würfel schneiden. Die Schalotte schäle ich und hacke sie sehr fein. Den herrlich aromatischen Koriander wasche ich, schüttele ihn gut trocken und hacke ihn ebenfalls fein.

Nun mische ich die Zutaten fürs Tatar mit Zitronensaft, damit sie sich nicht verfärben (das passiert nämlich sonst bei der Avocado!), und gebe 3 EL Olivenöl, Worcestersauce und – natürlich – Tabasco dazu. Aufgepasst: Nicht jeder isst gern so scharf wie ich! Deshalb vielleicht vorsichtig dosieren. Salz und Pfeffer dazu, das war's dann schon fast.

Jetzt steht nur noch die Zubereitung der Garnelen an: dazu waschen, trocken tupfen, Knoblauch schälen und klein schneiden. Den Rosmarin wasche ich und schüttele ihn trocken. In einer Pfanne 1 EL Öl erhitzen und die Garnelen, Rosmarinzweige sowie den Knoblauch darin kurz anbraten. Das geht wirklich sehr schnell. Salz und Pfeffer dazu, fertig.

Nun verrühre ich noch das restliche Öl mit dem Rotweinessig, würze mit Salz und Pfeffer und mariniere den Rucola damit.

Mithilfe eines Servierrings richte ich das Tatar auf Tellern an, lege jeweils zwei Garnelen obenauf, und dann den Rucola dekorativ dazu. Et voilà – fertig ist die perfekte Vorspeise!

„Bei dieser Vorspeise kommen meine Gäste ins Schwärmen: sieht toll aus, schmeckt einfach umwerfend! Für mich ist Koriander dazu ein absolutes Muss, weil er dieser Vorspeise den Pep verleiht. Nun gibt es aber speziell hierbei genau zwei Haltungen – die einen lieben, die anderen hassen ihn. Für Letztere lässt sich Koriander durch glatte Petersilie ersetzen, die weniger dominant ist."

RINDERHÜFTSTEAK-CARPACCIO MIT INGWER-CHILI-MARINADE

FÜR 6 PERSONEN

INGWER-CHILI-MARINADE

50 g Ingwer (möglichst von einer jungen Knolle ohne Fasern)
1 kleines Bund Radieschen
1 rote Chilischote
½ Bund glatte Petersilie
8 EL Sesamöl
4 EL Sojasauce
Saft von 2 Limetten
1 Kästchen Kresse

CARPACCIO

4 Rinderhüftsteaks (à ca. 160 g)
Salz, Pfeffer
2 EL Öl

Bevor ich anfange, die Marinade zuzubereiten, nehme ich das Fleisch aus dem Kühlschrank und lasse es ca. 1 Stunde bei Zimmertemperatur liegen.

Dann schäle ich den Ingwer, schneide diesen zunächst in dünne Scheiben und anschließend in feine Stifte. Die Radieschen schneide ich vom Bund ab, wasche sie, entferne dann die beiden Enden und schneide die Knollen in feine Scheiben. Je nach Größe können die Radieschen auch zuvor halbiert werden. Die Chilischote wasche ich kurz ab, entferne den Stielansatz und schneide sie in feine Ringe. Wer die Marinade etwas milder mag, entfernt die Kerne einfach zuvor, ich lasse sie meistens drin, zumindest einige, weil die Marinade dann pikanter wird und damit auch das Fleisch. Nun nur noch die Petersilie waschen, trocken schütteln und ruhig mit den feinen Stängeln hacken, das ist würziger.

Um die Marinade fertigzustellen, verrühre ich noch Sesamöl, Sojasauce und Limettensaft mit Ingwer, Chili und Petersilie. Das Ganze stelle ich dann beiseite, so kann es schön durchziehen.

Bevor ich die Steaks brate, wasche ich sie kurz und tupfe sie dann trocken. Ich würze sie, bevor ich sie brate oder grille, mit Salz und Pfeffer. Die Geister scheiden sich ja, ob man das vorher oder erst hinterher machen soll, aber mir schmeckt es vorher besser. Je nach Wetterlage bereite ich sie auf dem Gasgrill oder in der Pfanne zu. Die Grillpfanne erhitze ich zuvor und gebe nur etwas Öl hinein. Dann brate ich die Steaks von jeder Seite ca. 4 Minuten an, lasse sie abgedeckt kurz ruhen und schneide sie dann dünn in Scheiben auf.

Das Fleisch verteile ich portionsweise auf Teller, belege es mit den Radieschen und träufle die Marinade gleichmäßig darüber. Als Deko (und pikanten Geschmacksverstärker) nehme ich frisch abgeschnittene Kresse, die ich zum Schluss darüber streue.

„Carpaccio kennt fast jeder: rohes Rindfleisch, gehobelter Parmesan (esse ich nicht!!). Deshalb also diese Variante, die mit zu meinen Favoriten zählt, auch weil ich scharfes Essen liebe. Abgesehen davon ist dieses etwas andere Carpaccio eiweißhaltig, macht also satt und ist zudem kalorienarm. Außerdem ist dieses kleine Gericht sehr schnell zubereitet, quasi Fast Food auf hohem Niveau."

ORIENTALISCHE SPINATQUICHE

FÜR 8 STÜCKE
(Standzeit ca. 1 Stunde)

TEIG
60 ml Wasser
60 ml Milch
90 g Butter
Salz
300 g Weizenmehl

BELAG
50 g getrocknete Aprikosen
3 EL Apfelsaft
600 g frischer Spinat oder 450 g tiefgefrorener Blattspinat
150 g Schalotten
2 Knoblauchzehen
60 g Pinienkerne
1 EL Pflanzenöl
Salz, Pfeffer
Muskatnuss
1 Msp. Nelkenpulver
1 Msp. Zimtpulver
1 Msp. Pimentpulver
1 Msp. Korianderpulver
½ TL Kreuzkümmelpulver
4 Eier
150 ml Sahne
1 Msp. Ingwerpulver

AUSSERDEM
Butter zum Einfetten
Weizenmehl zum Bearbeiten

Für die Quiche muss ich zuerst den Teig vorbereiten. Dazu gebe ich die beiden Flüssigkeiten in einen kleinen Topf. Die Butter sowie eine kräftige Prise Salz füge ich noch hinzu und koche alles zusammen auf. Parallel wiege ich das Mehl in einer Rührschüssel ab. Dann gieße ich den Topfinhalt zum Mehl und verknete die Masse mit den Knethaken des Handrührgeräts zu einem glatten Teig. Den Teig forme ihn zu einer Kugel, wickele ich ihn in Frischhaltefolie und lege ihn für etwa 1 Stunde in den Kühlschrank.

Danach heize ich schon mal den Backofen auf 180 °C Umluft vor und fette eine Quicheform (man kann auch eine Springform, Ø 26 cm, nehmen) mit Butter ein.

Nun habe ich die Zeit, um mich dem Belag zuzuwenden. Hierfür schneide ich die Aprikosen in Würfel und weiche sie in Apfelsaft ein. Jetzt putze ich den Spinat, wasche ihn gründlich und schleudere ihn anschließend trocken. Wenn ich gefrorenen verwende, lasse ich den natürlich zu Beginn auftauen und drücke ihn gut aus. Dann schäle ich Schalotten und Knoblauch und schneide alles in kleine Würfel.

Weiter geht's mit den Pinienkernen, die ich in einer Pfanne ohne Fett goldbraun röste und bis zum Servieren beiseitestelle. Nun erhitze ich das Öl in einer Pfanne und schwitze Schalotten- und Knoblauchwürfel darin glasig an. Gebe den Spinat zu und gare ihn abgedeckt ca. 2 bis 3 Minuten bei geringer Temperatur, bis er zusammengefallen ist. Dann nehme ich den Deckel ab und lasse ihn noch so lange weiterkochen, bis die Flüssigkeit vollständig verkocht ist. Jetzt schmecke ich ihn noch pikant mit Salz, Pfeffer, frisch geriebener Muskatnuss sowie den restlichen Gewürzen ab und lasse ihn etwas auskühlen.

Für den Guss verrühre ich Eier und Sahne miteinander und würze mit Salz, Pfeffer, frisch geriebener Muskatnuss und Ingwer.

Nach Ablauf der Kühlzeit rolle ich den Teig auf einer bemehlten Arbeitsfläche zu einem Kreis von ca. 28 cm Durchmesser aus. Dann lege ich ihn so in die Form, dass auch der Rand bedeckt ist und steche den Boden mit einer Gabel mehrmals ein.

Den Boden backe ich etwa 10 Minuten vor und nehme ihn dann wieder aus dem Ofen. Jetzt verteile ich den Spinat, die Aprikosen und einige Pinienkerne darauf und anschließend den Guss. Die Quiche backe ich ca. 40 Minuten im Backofen und bestreue sie vor dem Servieren mit den restlichen Pinienkernen. Diese (meist) nordafrikanische Quiche schmeckt lauwarm am besten, aber auch direkt aus dem Ofen. Reste lassen sich gut aufwärmen. Aber die Quiche schmeckt ebenso gut kalt.

„Wenn ich diese duftende Quiche aus dem Ofen ziehe, habe ich sofort wieder Bilder von Marrakesch vor Augen. Während einer Reise dorthin habe ich diese Köstlichkeit, die auch in Nahost verbreitet ist, zum ersten Mal gegessen.“

Zucchiniküchlein mit Räucherlachs

ZUCCHINIKÜCHLEIN MIT RÄUCHERLACHS

FÜR 4 PERSONEN

SCHNITTLAUCHCREME
½ Bund Schnittlauch
200 g Schmand
1 EL Mineralwasser
Salz, Pfeffer

ZUCCHINIKÜCHLEIN
400 g Zucchini
Salz
400 g festkochende Kartoffeln
1 Bund glatte Petersilie
2 Eier
3–4 EL Kartoffelstärke
Pfeffer
Muskatnuss
4 EL Öl

LACHS
200 g Räucherlachs in Scheiben

Zunächst bereite ich die Creme vor und schneide erst einmal den gewaschenen und trocken geschüttelten Schnittlauch in feine Röllchen. Um schön cremigen Schmand zu bekommen, verrühre ich diesen mit Mineralwasser und gebe danach Schnittlauch, Salz und Pfeffer dazu. Ich persönlich schmecke das immer sehr pikant ab.

Dann raspele ich die geputzten und gewaschenen Zucchini auf einer groben Reibe in meiner Küchenmaschine. (Wer keine hat, nimmt eine Handreibe.) Die Zucchiniraspel salze ich anschließend. Nun sind die Kartoffeln dran: waschen, schälen, ebenfalls grob reiben. Die Petersilie wasche ich, schüttele sie trocken, zupfe die Blätter ab und hacke sie schön fein.

Bevor es dann weitergeht, lege ich die Zucchini- und Kartoffelraspel in ein sauberes Küchenhandtuch und drücke sie gut aus. Dann vermenge ich sie in einer Schüssel mit der Petersilie, den Eiern sowie der Stärke und würze alles kräftig mit Salz, Pfeffer und frisch geriebener Muskatnuss.

Nun geht es auch schon ans Braten: Hierfür erhitze ich 1 EL Öl in einer beschichteten Pfanne und brate die Masse in kleinen Portionen etwa 3 bis 4 Minuten von jeder Seite goldbraun. Dann wieder etwas Öl in die Pfanne geben und weitere Teigportionen, bis die Masse komplett zu Küchlein gebacken wurde. Die fertigen Zucchiniküchlein lasse ich auf einem Gitter oder Teller mit Küchenpapier abtropfen.

Sind alle Küchlein fertig gebraten, richte ich sie mit dem Räucherlachs an und verteile die Schnittlauchcreme darüber.

„Reibekuchen aus Kartoffeln kennt ja irgendwie jedes Kind. Bei uns zu Hause gab es die regelmäßig. Natürlich mit selbst gemachtem Apfelmus! Diese Variante mit Zucchini ist etwas leichter, schmeckt mir aber eher noch besser als die Kartoffelpuffer meiner Kindheit. Sollte tatsächlich etwas von der Schnittlauchcreme übrigbleiben – sie schmeckt auch sehr gut zu Gegrilltem."

PILZOMELETT MIT SERRANOCHIPS

FÜR 2 PERSONEN

OMELETT
400 g gemischte Pilze der Saison, z. B. Kräuterseitlinge, Champignons, Shiitake
1 Schalotte
1 Knoblauchzehe
5 Stängel Petersilie
1 Zweig Rosmarin
4 Eier
50 ml Sahne
Salz, Pfeffer
1 Prise rosenscharfes Paprikapulver
1 EL Olivenöl

BELAG
4 Radieschen
2 Essiggurken
80 g Serranoschinken

Bevor ich mit der Zubereitung beginne, heize ich erst einmal den Backofen auf 180 °C Umluft vor.

Die Pilze säubere ich und schneide sie in gleich große Stücke. Ich persönlich mag sie gern nicht ganz so klein, aber das ist natürlich ganz nach Belieben. Dann schäle ich Schalotte und Knoblauchzehe und würfele diese ganz klein. Nun noch die Kräuter waschen und trocken schütteln. Die Blättchen bzw. Nadeln zupfe ich ab und hacke sie ganz fein. Dann ist für das Omelett schon fast alles fertig.

Für den Belag wasche ich die Radieschen, putze sie und schneide sie in feine Scheiben, sonst wird mir das zu rustikal. Ebenso verfahre ich mit den Essiggurken.

Nun verquirle ich die Eier, rühre Sahne und fein gehackte Kräuter darunter und würze alles kräftig mit Salz, Pfeffer und Paprika.

Anschließend erhitze ich in einer ofenfesten Pfanne das Olivenöl, schwitze zunächst Schalotten- und Knoblauchwürfel darin an. Dann gebe ich die Pilze dazu und schwenke sie kurz. Ich gieße die Eimasse darüber, sodass sie schön über alles verteilt ist und lasse das Ganze bei mittlerer Hitze etwa 5 Minuten anstocken. Danach stelle ich die Pfanne in den Ofen und lasse diesen für die nächsten etwa 25 Minuten seine Arbeit tun.

Nun geht es wieder an den Belag: Dafür lege ich ein Backblech mit Backpapier aus, verteile darauf den Schinken und gebe ihn für etwa 15 Minuten ebenfalls in den Backofen, damit er schön knusprig ausbackt.

Ist das Omelett fertig, lasse ich es auf eine von Claudias dekorativen Platten gleiten, verteile die Radieschen- und Gurkenscheiben darauf, richte den krossen Schinken dazu an und serviere es sofort. Uns schmeckt das am besten mit rustikalem Bauernbrot, frisches Baguette passt aber natürlich genauso gut.

„Wenn's schnell gehen muss, ist so ein Omelett ruckzuck serviert. Pilze passen immer, aber eine Eierspeise verträgt ohnehin so ziemlich jeden ‚Begleiter'. Das Tüpfelchen auf dem i ist hierbei der knusprig geröstete Serrano, der dem Ganzen einen leicht pikanten Kick gibt."

„Wer mich kennt, weiß: Ich esse keinen Käse! Claudia aber liebt Chèvre über alles, besonders in Kombination mit Feigen. Also gibt es immer zwei Pizzen, eine mit, eine ohne Ziegenkäse. Werden die Bleche im Ofen vorgeheizt, macht das den Pizzaboden schön kross.“

PIZZA MIT ZIEGENKÄSE UND FEIGEN

FÜR 2 RUNDE PIZZEN

HEFETEIG
(Standzeit ca. 1 Stunde)
400 g Weizenmehl (Type 550)
100 g feiner Hartweizengrieß
Salz
½ Würfel (21 g) Hefe oder
1 Päckchen Trockenhefe
300 ml lauwarmes Wasser
4 EL Olivenöl
Weizenmehl zum Bearbeiten

BELAG
3 Feigen
10 kernlose blaue Trauben
75 g Ziegenfrischkäse
Saft von ½ Limette
Salz, Pfeffer
Zucker
100 g passierte Tomaten
2 EL Walnusskerne
1 kleiner Stängel Salbei
flüssiger Honig zum Beträufeln

Um den Hefeteig zuzubereiten, greife ich auf meine Küchenmaschine zurück. Die knetet die Zutaten nicht nur im Nu, sie heizt auch noch, sodass ich den Teig problemlos in der Maschine gehen lassen kann. Zunächst vermenge ich das Mehl mit dem Grieß und 2 kräftigen Prisen Salz. Dann rühre ich die Hefe im lauwarmen Wasser an und gieße das zur Mehlmischung. Für die Geschmeidigkeit gebe ich noch Olivenöl hinzu.

Die Küchenmaschine schalte ich auf geringe Stufe und lasse sie etwa 5 Minuten laufen, bis der Teig schön glatt ist und sich vom Schüsselrand löst. Wer wie ich eine Küchenmaschine mit Temperatureinstellung hat, kann diese zusammen mit der Rührfunktion aktivieren und den Teig bei 25 °C etwa 1 Stunde gehen lassen. Alternativ empfehle ich, den Hefeteig abgedeckt an einem warmen Ort gehen zu lassen, bis sich sein Volumen deutlich vergrößert hat. Das ist ebenso nach etwa 1 Stunde der Fall.

Damit der Backofen die richtige Temperatur hat, heize ich ihn frühzeitig auf 230 °C Umluft vor. Um den Steinofeneffekt von meiner Lieblings-pizzeria nachzuahmen, lasse ich zwei Backbleche mit aufheizen.

Ist die Gehzeit abgelaufen, bestreue ich die Arbeitsfläche mit etwas Mehl, nehme den Teig aus der Schüssel und knete ihn noch einmal kurz durch. Dann halbiere ich den Teig, sodass jeder seine eigene Pizza bekommt. Ich rolle die Teigportionen dann nach Augenmaß rund aus und lege sie jeweils auf einen Bogen Backpapier.

Für den Belag wasche ich die Feigen und schneide sie in nicht zu dünne Scheiben, damit sie ihre Stabilität behalten. Die Trauben spüle ich gründlich unter fließendem Wasser ab, lasse sie auf Küchenpapier abtropfen und halbiere sie dann der Länge nach.
Ich mache für uns zwei verschiedene Pizzen, eine mit, eine ohne Käse. Für die mit Käse verrühre ich den Ziegenkäse mit dem Limettensaft, bis er schön cremig ist und sich gut auf dem Teig verstreichen lässt, und würze dann mit Salz und Pfeffer. Für meine persönliche Variante (ohne Käse) streiche ich zuvor mit Salz, Pfeffer und einer Prise Zucker gewürzte passierte Tomaten auf die Teigoberfläche.
Danach verteile ich die Feigen und Trauben zusammen mit den Walnusskernen gleichmäßig auf den Pizzen. Wasche den Salbei kurz ab, schüttele ihn trocken, zupfe von den Blättern kleine Stücke ab und streue sie auf die Pizzen.

Dann ziehe ich die Pizzen mithilfe des Papiers auf die heißen Bleche und backe sie etwa 10 bis 12 Minuten. Nach etwa der Hälfte der Backzeit tausche ich beide Bleche, damit die Pizzen gleichmäßig gebacken werden.

Zum Servieren beträufele ich die Ziegenkäse-Pizza noch mit etwas Honig.

SUPPEN

ERBSENSÜPPCHEN MIT MINZE

FÜR 4 PERSONEN

1 kleine Zwiebel
1 Knoblauchzehe
½ Bund Minze
1 EL Olivenöl
250 g tiefgefrorene Erbsen
500 ml Gemüse- oder Geflügelbrühe
Salz, Pfeffer
Muskatnuss

ZUM ANRICHTEN NACH BELIEBEN
8 gebratene Garnelen oder 4 Scheiben Räucherlachs, in Streifen geschnitten

Süppchen sind ungemein praktisch, wenn ich ein Essen für Familie und Freunde plane, weil ich alles schon sogar einen Tag vorher fertigstellen kann. Brauche ich nur eine kleine leichte Mahlzeit, sind gerade Gemüsesuppen schnell zubereitet. Für diese schäle ich also die Zwiebel und den Knoblauch und schneide alles in feine Würfel. Wenn ich dann die Minze wasche (gut trocken schütteln!), die Blättchen abzupfe und fein hacke, erfüllt sich die Küche schon mit einem wunderbaren Duft, der herrlich frisch ist, ganz ähnlich wie bei Basilikum, wie ich finde. Einen Teil der Minze behalte ich fürs Servieren zurück. Den größten Teil verwende ich im nächsten Schritt.

Dann erhitze ich das Öl und schwitze schon mal die Zwiebelwürfel darin an, gebe dann Knoblauch, Erbsen und Minze zu und dünste alles 2 bis 3 Minuten an. Ich gieße die Brühe zu, lasse das Ganze kurz aufkochen und dann etwa 10 bis 15 Minuten köcheln, je nachdem, wie lange die Erbsen benötigen, um weich zu werden. Bevor ich alles püriere – hier kommt mein Stabmixer zum Einsatz –, nehme ich einige Erbsen heraus, um sie später als kleine Einlage für das Süppchen zu verwenden. Anschließend streiche ich die Suppe durch ein Sieb, damit sie schön fein wird, und schmecke sie mit Salz, Pfeffer und frisch geriebener Muskatnuss ab.

Kurz vor dem Anrichten gebe ich die Erbsen und die restliche Minze dazu, gelegentlich auch gebratene Garnelen oder in Streifen geschnittenen Räucherlachs. Das schmeckt einfach großartig!

„Neben Schnitzel, Eisbein und Sauerkraut gibt es wohl kaum etwas, das deutscher scheint als diese Suppe. Sie kommt ja sonst sehr deftig daher. Mir gefällt sie allerdings in dieser Variante deutlich besser. Ich liebe einerseits Erbsen (auch Zuckerschoten), als Schaumsüppchen mit frischer Minze sind sie andererseits wunderbar sommerlich."

KÜRBISSUPPE

FÜR 4 PERSONEN
(Standzeit ca. 30 Minuten)

800 g Hokkaidokürbis (geputzt ca. 500 g)
Salz
2 kleine Karotten
2 Schalotten
1 kleine Knoblauchzehe
4 cm Ingwer
2 Stangen Zitronengras
2 EL Rapsöl
1 Msp. edelsüßes Paprikapulver
1 TL Currypulver
½ TL Kurkumapulver
1 Msp. getrocknete Chiliflocken
1 l Gemüse- oder Geflügelfond
Pfeffer
200 ml Kokosmilch
Zucker

Wenn ich keinen Hokkaido bekomme, nehme ich Butternut, beide müssen nämlich nicht geschält, sondern nur gründlich gewaschen werden. Ich schneide lediglich die Stellen ab, die nicht so schön aussehen. Die Kerne müssen natürlich entfernt werden, wenn ich den Kürbis aufgeschnitten habe. Dann raspele ich das Fruchtfleisch auf einer groben Reibe, streue etwas Salz darüber und lasse es abgedeckt etwa 30 Minuten ziehen.

Währenddessen habe ich genügend Zeit, mich dem Rest zu widmen. Also putze, schäle und schneide ich die Karotten in kleine Würfel. Die Schalotten schäle ich und hacke sie fein. Genauso verfahre ich mit dem Knoblauch. Den geschälten Ingwer reibe ich ganz fein und halbiere den weichen inneren Teil vom Zitronengras.

Hat der Kürbis genügend Wasser gezogen, drücke ich das Fruchtfleisch in einem Sieb aus. Das mache ich über einer Schüssel, um den Saft aufzufangen, weil ich den für die Suppe benötige. Dann erhitze ich in einem ausreichend großen Topf das Öl und dünste Schalotten, Knoblauch und die Karotten darin zusammen an. Nun gebe ich Ingwer, Paprikapulver, Curry, Kurkuma und Chiliflocken zu, verrühre alles und lasse dem Ganzen ungefähr 5 Minuten Zeit zum Andünsten. Anschließend mische ich die ausgedrückten Kürbisraspel unter das Gemüse und lasse sie circa 15 Minuten mitdünsten, gieße Kürbissaft und Fond hinzu. Nun gut umrühren, salzen und pfeffern. Dann lasse ich die Suppe bei niedriger Temperatur etwa 20 Minuten köcheln.

Jetzt fehlen nur noch die Kokosmilch und eine Prise Zucker. Ich fische die Zitronengrasstücke heraus und püriere die Suppe mit dem Stabmixer zu der Konsistenz, nach der mir gerade der Sinn steht. Manchmal finde ich sie „stückiger" besser, als Auftakt zu einem Essen mit mehreren Gängen ist sie feiner püriert passender. Was ich auf jeden Fall mache, bevor ich die Kürbissuppe serviere: Ich schmecke sie nochmals ab.

„So richtig wohlschmeckenden Kürbis bekommt man ja eigentlich nur im Herbst. Ich finde aber, dass eine Kürbissuppe fast bis zum Frühjahr schmeckt. Deshalb friere ich ihn portionsweise ein; das ermöglicht mir auch, mal spontan so etwas als Vor- oder Hauptspeise zuzubereiten. Hokkaido mag ich generell am liebsten, nicht nur, weil er aromatischer ist als ‚Laternenkürbis', ich muss ihn auch nicht schälen – nur waschen und die Kerne entfernen."

KAROTTENSÜPPCHEN MIT FENCHEL & ORANGE

FÜR 4 PERSONEN

BASILIKUMÖL
(Standzeit 24 Stunden)
1 Bund Basilikum
300 ml Rapsöl

SÜPPCHEN
1 Zwiebel
1 Knoblauchzehe
1 walnussgroßes Stück Ingwer
200 g Fenchel
500 g Karotten
1 EL Pflanzenöl
200 ml Orangensaft
800 ml Gemüsebrühe
Salz, Pfeffer
Cayennepfeffer
1 EL Honig
2 EL Crème fraîche
4 EL Basilikumöl

Um das Basilikumöl zuzubereiten, wasche ich zunächst das Basilikum, schüttele es ordentlich trocken und gebe es so, wie es ist mit den Stängeln, in einen Standmixer. Dann gieße ich das Rapsöl dazu – unbedingt auf gute Qualität achten! –, püriere alles ganz fein und gebe das fertige Basilikumöl in ein Gefäß oder eine Flasche. Damit sich die Aromen schön auslösen, muss es kühl gestellt und vor Licht geschützt etwa 24 Stunden durchziehen. Anschließend streiche ich alles durch ein sehr feines Sieb, weil ich nur das aromatisierte Öl verwende, und stelle es wieder kühl und dunkel. Es hält sich so aufbewahrt etwa 2 bis 3 Wochen. Das Basilikumöl schmeckt nicht nur sehr gut als Topping für diese Suppe. Es gibt vielen Speisen das gewisse Extra, sei es einer sommerlichen Pasta oder einem knackigen Salat.

Nun bereite ich das Süppchen zu. Dafür schäle ich erst einmal die Zwiebel und den Knoblauch und hacke alles fein. Wenn ich den Ingwer geschält habe, schneide ich diesen in dünne Scheiben. Den gewaschenen und geputzten Fenchel würfele ich klein. Die Karotten putze ich und schäle sie gegebenenfalls, je nachdem, ob das nötig ist oder ich gerade bei jungem Gemüse dieses nur mit einer Bürste „schrubbe". Anschließend schneide ich die Karotten in dünne Scheiben.

Zwiebel und Knoblauch brate ich im Öl in einem Topf an und dünste anschließend Ingwer, Fenchel und Karotten an. Ist das erledigt, lösche ich mit Orangensaft und Brühe ab, setze den Deckel auf den Topf und lasse alles etwa 15 Minuten köcheln. So lange also, bis alles weich ist, und püriere dann das Ganze mit meinem Stabmixer. Manchmal ist die pürierte Suppe noch zu dick, dann gebe ich etwas Brühe oder Wasser zu und mixe alles nochmals auf. Jetzt nur noch mit Salz, Pfeffer und Honig abschmecken und mit je einem Klecks Crème fraîche, Basilikumöl und frisch gemahlenem schwarzen Pfeffer servieren.

„Neben Erbsen sind Karotten mein absolutes Lieblingsgemüse. Das an Anis erinnernde Aroma des Fenchels betont für meinen Geschmack zusätzlich das Wurzelaroma auf eine sehr schöne Weise. Weil ich so gern scharf esse und das besonders in Kombination mit Fruchtigem, brauche ich sowohl Cayennepfeffer als auch Orange als Aromakick."

GAZPACHO VON GEGRILLTER PAPRIKA UND HIMBEEREN

FÜR 4 PERSONEN

5 rote Spitzpaprikaschoten
1 Salatgurke
200 g tiefgefrorene Himbeeren
3 EL Olivenöl
Salz, Pfeffer
Zucker
Tabasco

ZUM ANRICHTEN
2 Scheiben Toastbrot
2 EL Olivenöl zum Rösten
Salz
Olivenöl zum Beträufeln

Da ich nicht so gern Tomaten esse und außerdem jeder die klassische Gazpacho kennt, wandele ich sie gern ab, indem ich Paprika und Himbeeren verwende. Doch zunächst heize ich unseren Backofen vor, 200 °C Umluft sollten es sein.

Während der Ofen aufheizt, putze, wasche und halbiere ich die Paprikaschoten. Eine Paprikahälfte schneide ich für die Einlage in feine Würfel, stelle sie beiseite, und die restlichen lege ich mit der Schnittfläche nach unten auf ein mit Backpapier ausgelegtes Backblech. Wenn der Backofen heiß ist, schiebe ich das Blech hinein und lasse die Schoten etwa 25 bis 30 Minuten rösten, so lange also, bis die Haut schwarze Flecken bekommt. Dann nehme ich sie heraus, decke sie mit einem feuchten Küchenhandtuch ab und lasse sie abkühlen. Ich habe entdeckt, dass sich die Haut auf diese Weise am besten von den Paprikaschoten lösen lässt und sie enthäutet besser verträglich sind.

Sind die Paprikaschoten schließlich so weit abgekühlt, dass man sie anfassen kann, ziehe ich die Haut von den Schoten und schneide das Fruchtfleisch klein. Die Gurke putze und schäle ich, halbiere sie der Länge nach und kratze die Kerne mit einem Löffel heraus. Dann wird die Gazpacho nicht ganz so wässrig. Die Hälften würfele ich grob. Für die Einlage schneide ich etwas von der Gurke in sehr feine Würfel und stelle sie zur Seite.

Die gefrorenen Himbeeren koche ich mit etwa 100 ml Wasser in einem Topf auf, bis sie weich sind, dann streiche ich sie durch ein Sieb, um die kleinen Kerne zu entfernen.

Anschließend püriere ich das Gemüse zusammen mit dem Himbeermark mit dem Stabmixer. Das geht natürlich auch mithilfe eines Standmixers. Sollte die Gazpacho zu dick sein, gebe ich etwas kaltes Wasser zu und mixe nochmals. Dann schmecke ich alles mit Olivenöl, Salz, Pfeffer, einer Prise Zucker und ein paar Spritzern Tabasco ab und stelle die Suppe bis zum Servieren in den Tiefkühler oder Kühlschrank.

Während die Suppe kühlt, bereite ich die Croûtons zu. Hierzu entrinde ich die Toastbrotscheiben und schneide sie in gleichmäßige Würfel. Dann röste ich die Brotwürfel in einer beschichteten Pfanne im heißen Öl von allen Seiten knusprig an. Leicht salzen, nochmals durchschwenken und aus der Pfanne auf etwas Küchenpapier abtropfen lassen.

Zum Servieren richte ich die Suppe in gekühlten Schalen an und gebe die fein gewürfelte Gurke, Paprika sowie die Croûtons als Topping obendrauf. Zum Schluss verfeinere ich jede Schale noch mit einem Schuss Olivenöl, den ich um das Topping herum träufle.

„Dieses kalte, für Spanien so typische Essen ist in meinem Rezept ohne Tomaten und durch das süß-saure Aroma mal anders als üblich. Diese Suppe erfrischt an heißen Tagen! Für etwas Biss gebe ich noch einige Croûtons und für den Geschmack einen kleinen Schuss Olivenöl auf die angerichtete Suppe."

KALTES MELONEN-SÜPPCHEN MIT INGWER

FÜR 4 PERSONEN

2 kleine Cantaloupemelonen
3 Stängel Dill
2 walnussgroße Stücke Ingwer
2 Knoblauchzehen
200 g Naturjoghurt
250 ml Gemüsebrühe
4 cl weißer Portwein
Salz
1 Msp. rosenscharfes Paprikapulver
2 EL Zitronensaft
Pfeffer
1 Handvoll Eiswürfel

Das ist mal eine Alternative zur kalten Gazpacho von Seite 46 und sehr erfrischend bei Temperaturen, die die 30 Grad überschreiten. Wenn man sie – wie ich – in einem Hochleistungsmixer zubereitet, ist sie außerdem in sehr kurzer Zeit fertig. Perfekt also, wenn der kleine Hunger ruft.

Zuerst halbiere ich die Melonen und schabe Kerne sowie Fasern mit einem Löffel heraus. Dann höhle ich die Hälften so aus, dass ein stabiler Rand stehen bleibt, da die Melonenhälften sich gut als Schüsseln eignen. Für einen besseren Stand schneide ich an den Unterseiten ein kleines Stück flach ab. Damit sie zum Servieren kalt sind, stelle ich die Hälften in den Kühlschrank oder kurz in den Tiefkühler.

Vom gewaschenen Dill zupfe ich die Spitzen ab, hacke sie fein und stelle sie erst einmal beiseite. Ingwer und Knoblauch schäle und halbiere ich jeweils, alles wandert direkt in den Behälter des Hochleistungsmixers. Dann kommen 150 g Joghurt, 200 ml Brühe, Portwein, Salz, Paprika, Zitronensaft sowie der Pfeffer dazu. Alles wird zusammen zur gewünschten Konsistenz püriert. Damit sich die Suppe beim Mixen nicht erwärmt, gebe ich nach und nach die Eiswürfel dazu. Sollte sie am Ende noch zu dickflüssig sein, noch etwas restliche Brühe zugeben. Zum Schluss rühre ich die Hälfte des Dills unter die Suppe und schmecke sie noch einmal ab.

Serviert wird die Suppe in den gekühlten Melonenschalen, garniert mit dem restlichen Joghurt, den gehackten Dillspitzen und etwas frisch gemahlenem Pfeffer.

„Eine tolle Suppe, perfekt für heiße Tage! Sie lässt sich prima in meiner neuesten Anschaffung, einem Hochleistungsmixer, zubereiten. Alles rein und ruckzuck fein gemixt – sogar die Eiswürfel."

ROTE LINSENSUPPE

FÜR 4 PERSONEN

100 g Karotten
100 g Knollensellerie
1 Zwiebel
5 Stängel glatte Petersilie
2 EL Pflanzenöl
200 g rote Linsen
1 EL Tomatenmark
1 l Gemüsebrühe
100 g Crème fraîche
Salz, Pfeffer
Chiliöl zum Beträufeln
1 unbehandelte Zitrone
4 TL türkischer Joghurt (10 % Fett)

Dieses Süppchen ist ein „Lecker-Schmecker-Ding“; das Rezept dafür habe ich von einer Reise aus der Türkei mitgebracht und seitdem immer wieder danach gekocht. Sie geht wirklich ganz einfach: Karotten und Sellerie wie üblich putzen, waschen, schälen und alles in kleine Würfel schneiden. Die geschälte Zwiebel würfeln und von der gewaschenen Petersilie die Blätter abzupfen und fein hacken.

Nun in einem Topf 1 EL Pflanzenöl erhitzen und die Zwiebelwürfel darin glasig anschwitzen. Anschließend das Gemüse zugeben und ca. 3 Minuten mitanschwitzen. Zum Schluss röste ich die Linsen und das Tomatenmark kurz an und gieße die Gemüsebrühe dazu.

Nach einer Garzeit von 15 bis 20 Minuten bei mittlerer Temperatur sind das Gemüse weich und die Linsen zerfallen. Ich mixe die Suppe meistens kurz auf, weil sie dann etwas cremiger wird. Dann fehlen nur noch Crème fraîche sowie Salz und Pfeffer.

Über die fertige Suppe gehört für mich noch eine kleiner Schuss Chiliöl, und zum Anrichten brauche ich Zitronenspalten. Auch wenn ich nur unbehandelte Zitronen verwende, abwaschen muss ich dennoch, gründlich trocken reiben ebenfalls. Dann schneide ich sie in Viertel.

Damit die Suppe schön heiß bleibt, verteile ich sie portionsweise in vorgewärmte tiefe Teller, gebe einen Klecks Joghurt dazu (es muss türkischer oder griechischer sein, auf gar keinen Fall fettarmer!) und träufele das Chiliöl darüber. Als würzige Deko kommt noch die fein gehackte Petersilie dazu und auf den Tellerrand die Zitrone.

„An sich ist Linsensuppe ja ein recht deutsches Essen. Aber in dieser Form ruft sie bei mir wunderbare Erinnerungen an Istanbul hervor! Als ich sie dort am Bosporus in einem kleinen Lokal serviert bekam, habe ich mich nach der Zubereitung erkundigt. Der Wirt war so freundlich, mir tatsächlich das Rezept zu verraten. Der Clou dabei sind die Zitrone, der Klecks türkischer Joghurt und das Chiliöl!“

SOLJANKA

FÜR 6 PERSONEN

100 g Karotten
100 g festkochende Kartoffeln
150 g Weißkohl
5 Gewürzgurken
100 g Zwiebeln
300 g Rindfleisch aus der Keule
300 g geräuchertes Kasseler
200 g geräucherter Bauchspeck
2 Wiener Würstchen
2 Rindswürstchen
2 Stängel Dill
3 Stängel glatte Petersilie
Salz, Pfeffer
100 g Tomatenmark
400 g Letscho (ungarisches Schmorgemüse)
2 Lorbeerblätter
1,5 l Fleischbrühe
Gurkensud
1 unbehandelte Zitrone
100 g saure Sahne

Ich glaube, ich habe Soljanka das erste Mal in Russland im Winter gegessen. Der Eintopf ist herrlich deftig und wärmt so richtig Leib und Magen (wie meine Mutter gesagt hätte). Dieses Rezept ist nicht komplett original, schmeckt aber zumindest mir deutlich besser: die geschälten Karotten und Kartoffeln würfeln, den Weißkohl putzen, waschen und in Streifen schneiden. Nun noch die Gurken in Würfel schneiden und die geschälten Zwiebeln fein würfeln. Rindfleisch und Kasseler schneide ich in mundgerechte Würfel, den Bauchspeck etwas kleiner und die Würstchen in Scheiben. Nun hacke ich noch die gewaschenen und gezupften Kräuter und stelle sie, genauso wie die Würstchenscheiben, bis zum Anrichten beiseite.

Als Allererstes brate ich den Speck so lange aus, bis er schön knusprig ist. Das ausgetretene Speckfett gieße ich bis auf einen kleinen Rest weg. Im verbliebenen Fett röste ich dann die Zwiebeln an und brate das Fleisch und das Kasseler mit an. Erst wenn das passiert ist, gebe ich das Gemüse hinzu und würze alles kräftig mit Salz und Pfeffer. Das Anbraten ist besonders wichtig, da die dabei entstehenden Aromen der Soljanka ihren typisch herzhaften Geschmack geben. Ich gebe noch das Tomatenmark hinzu und röste es kurz mit an. Nun rühre ich noch Letscho und Gurken unter, gebe die Lorbeerblätter in den Topf und gieße die Brühe dazu. Ich lasse alles kurz aufkochen und dann bei geringer Hitze ungefähr 1½ Stunden schmoren. Kurz vor Ende der Garzeit erhitze ich die Würstchenscheiben in der Soljanka. Vor dem Anrichten rühre ich die fein gehackten Kräuter in den Eintopf und schmecke ihn mit Salz, Pfeffer und einem Schuss Gurkensud ab.

Jetzt noch fix die Zitrone heiß abwaschen und in Scheiben schneiden, die brauche ich zusammen mit dem Klecks saurer Sahne als Topping für meine Soljanka, wenn ich sie serviere.

„Oft gibt es diesen ursprünglich osteuropäischen Eintopf mit Innereien, häufig mit Zunge. So gern ich diese Suppe esse, so ungern mit dieser Einlage. Ganz wichtig ist, die Zwiebeln gut anzurösten, um der Soljanka eine schöne Farbe zu geben."

KARTOFFEL-SELLERIESUPPE

FÜR 4 PERSONEN

½ Stange Lauch, nur der weiße Teil
400 g mehligkochende Kartoffeln
300 g Knollensellerie
1 Apfel
1 Bund Schnittlauch
2 EL Rapsöl
100 ml Weißwein
1½ l Fleischbrühe
Salz, Pfeffer
Muskatnuss
Cayennepfeffer
4 TL Crema di Balsamico
4 EL Crème fraîche

Damit die Suppe schön hell bleibt, verwende ich vom Lauch immer nur den weißen Teil. Weil oft auch Sand zwischen den einzelnen Schichten hängen bleibt, halbiere ich die Stange längs und wasche sie nochmals gründlich. Anschließend kann ich sie dann in Streifen schneiden. Ich püriere alle Zutaten später, sodass die Streifen nicht so fein geschnitten sein müssen. Dann sind die Kartoffeln und der Sellerie an der Reihe, also waschen, schälen und in Würfel schneiden. Den Apfel schäle und viertele ich, entferne die Kerne und schneide ihn ebenfalls in Würfel. Den Schnittlauch brauche ich erst zum Anrichten, aber ich wasche ihn jetzt schon, schüttele ihn gründlich trocken und schneide ihn mit einer Schere in feine Röllchen.

Um die Kartoffel- und Selleriewürfel goldbraun anzurösten, erhitze ich in einem Topf das Rapsöl und brate das Gemüse darin an. Anschließend kommen die Lauchstreifen und Apfelwürfel dazu. Wenn diese ein bisschen mit angeschwitzt sind, lösche ich alles zunächst mit dem Weißwein ab und lasse die Flüssigkeit verkochen. Dann gebe ich 1 Liter von der Brühe zu, setze den Deckel auf den Topf und lasse das Ganze etwa 20 bis 30 Minuten köcheln.

Wenn alles weich ist, püriere ich das Gemüse mit dem Stabmixer. Manchmal ist das Ergebnis noch zu dick, dann gieße ich ein bisschen von der restlichen Brühe nach, bis die Suppe eine schön cremige Konsistenz hat. Nochmals kurz aufwallen lassen und zum Schluss mit Salz, Pfeffer, frisch geriebener Muskatnuss und Cayennepfeffer pikant abschmecken.

Nun nur noch in tiefen Tellern oder Bowls anrichten, mit Crema di Balsamico, je 1 EL Crème fraîche „aufhübschen“, mit Cayennepfeffer bestäuben, die Schnittlauchröllchen darüber streuen und fertig!

„Etwas Warmes braucht der Mensch. Besonders im deutschen Herbst und Winter. Selbst auf Ibiza kann es sehr kalt werden. Für Gemütlichkeit sorgt dann diese heiße Suppe. Wärmt komplett durch, macht wohlig satt und schmeckt so richtig lecker!“

RINDFLEISCH-GEMÜSE-SUPPE MIT PISTOU

FÜR 4 PERSONEN

SUPPE

ca. 1,2 kg Rindfleisch (Rinderbrust oder Beinscheibe)
2 l kaltes Wasser
1 Bund Suppengrün
Salz

GEMÜSE

500 g mehligkochende Kartoffeln
500 g in Würfel geschnittenes Wurzelgemüse (Karotten, Knollensellerie, Lauch)
2 EL Pflanzenöl
½ Bund Schnittlauch
1 EL frisch geriebener Meerrettich
Salz, Pfeffer

PISTOU

½ Bund Basilikum
½ Bund glatte Petersilie
5 Stängel Minze
2 Knoblauchzehen
200 ml Olivenöl
Salz, Pfeffer

Das Fleisch hole ich mir wie immer bei meinem Lieblingsmetzger. Der weiß, was ich brauche, wenn ich diese Suppe kochen will ... Ich setze es also gut bedeckt in kaltem Wasser auf und gebe das geputzte und gewaschene Suppengrün mit einer kräftigen Prise Salz dazu. Ganz wichtig: Der Fond sollte sich langsam erwärmen, und wenn sich an der Oberfläche Schaum bildet, diesen nicht gleich abschöpfen. Der Schaum ist nämlich Eiweiß und das wiederum fängt die Trübstoffe im kochenden Fond auf. Nach ungefähr zwei Stunden, während die Brühe immer nur leise „köcheln" sollte (also nicht unter Volldampf kochen!), nehme ich das gegarte Fleisch heraus und lege es auf einem Teller zur Seite. Dann siebe ich die Brühe durch, weil ich ja das ausgekochte Suppengemüse nicht mehr brauche, und fange sie in einem sauberen Topf auf.

Jetzt bereite ich die Einlage für meine Suppe vor. Also: die geschälten Kartoffeln in ca. 1 cm große Würfel schneiden. Das gewürfelte Wurzelgemüse dünste ich im heißen Pflanzenöl an und gieße 1 Liter von der Fleischbrühe zu, gebe die Kartoffeln dazu und lege den Deckel auf. Nun lasse ich die Suppe etwa 15 Minuten köcheln, bis das Gemüse und die Kartoffeln weich sind, aber noch ein wenig Biss haben. Ganz zum Schluss gebe ich den gewaschenen und in Röllchen geschnittenen Schnittlauch, den Meerrettich sowie Salz und Pfeffer dazu.

Für das Pistou zupfe ich von den gewaschenen Kräutern die Blätter ab, schäle den Knoblauch und gebe alles mit dem Olivenöl in ein hohes Gefäß. Halte meinen Stabmixer rein, püriere alles und würze es mit Salz und Pfeffer.

Zum Servieren schneide ich das Rindfleisch in Würfel, richte es in tiefen Tellern an und gieße die heiße Brühe mit dem Gemüse darüber. Dann kommen die Fleischwürfel wieder auf Temperatur. Etwas Pistou richte ich direkt auf der Suppe an. Den Rest reiche ich dazu, so kann sich jeder noch so viel davon nachnehmen, wie er möchte.

„Wenn ich diese Suppe koche, ist das jedes Mal wie ein Zeitsprung zurück in meine Kindheit. Meine Mutter hat hiervon immer reichlich gemacht und sie in Portionen eingefroren. Ihr Satz ‚So hab ich schnell was zur Hand', ist mir noch im Ohr ... Da ich allerdings die mütterliche Ausführung nie haargenau so hinbekomme, habe ich mir schon lange eine eigene Version angeeignet. Durch das Pistou bekommt es meine persönliche Note."

SNACKS

BABA GHANOUSH (AUBERGINENCREME)

FÜR 4 PERSONEN

2 Auberginen
grobes Meersalz
Pfeffer
3 EL Olivenöl
1 Knoblauchzehe
5 Stängel Petersilie
1 EL Sesampaste (Tahin)
1 EL Zitronensaft
2 Spritzer Sojasauce

Ein Aufenthalt in Marrakesch oder in Dubai ohne Baba Ghanoush? Undenkbar! Weil ich nicht ständig dort sein kann, bereite ich es zu Hause selbst zu. Dafür heize ich aber erst einmal den Backofen auf 200 °C Umluft vor.

Dann putze und wasche ich die Auberginen, halbiere sie längs und schneide das Fruchtfleisch kreuzweise ein. Ich lege sie mit der Schnittfläche nach oben auf ein Blech, bestreue die Hälften mit etwas Salz sowie Pfeffer und beträufle sie mit Olivenöl.

Nach etwa 30 Minuten Garzeit im Ofen ist das Auberginenfleisch so weich, dass ich es mit einem Löffel von der Schale lösen kann. Das gebe ich dann in einen Standmixer.

Nun schäle ich noch den Knoblauch und halbiere ihn. Die Petersilie wird gewaschen und trocken geschüttelt. Dann zupfe ich die Blätter ab. Sie kommt zur Aubergine in den Mixer. Ebenso wie der Knoblauch, die Sesampaste und der Zitronensaft. Jetzt erledigt der Standmixer seinen Teil der Arbeit und püriert alles zu einer feinen Creme.

Zum Schluss schmecke ich die Baba Ghanoush mit der Sojasauce ab. Die Auberginencreme schmeckt gut zu Fladenbrot, aber auch zu Gemüsesticks.

„Obwohl ich Auberginen pur nicht mag, weil ich die irgendwie langweilig finde, in dieser orientalischen Variante liebe ich sie. Woher das Rezept dafür stammt, lässt sich gar nicht so genau festlegen. Libanon? Syrien? In jedem Fall ist es Bestandteil der arabischen und israelischen Küche. Übersetzt heißt Baba Ghanoush übrigens ‚Beleidigter Papa'. Auf meine Frage, wieso der Vater bei diesem herrlichen zitronig-fruchtigen, cremig-sämigen, dunkel-nussigen Geschmack so verstimmt sein könnte, habe ich allerdings noch keine Antwort bekommen."

THUNFISCHCREME MIT GEMÜSESTICKS

FÜR 6 PERSONEN

THUNFISCHCREME
Saft von ½ Limette
2 Dosen (à 185 g) Thunfisch in Öl
100 g Mayonnaise (siehe Seite 16)
1 TL Senf
5 Cornichons
Salz, Pfeffer
Currypulver

GEMÜSESTICKS
200 g Karotten
200 g Staudensellerie
1 kleine Salatgurke
1 gelbe Paprikaschote
1 rote Paprikaschote

Für die Creme achte ich darauf, dass der Thunfisch aus nachhaltigem Fang stammt. Der ist etwas teurer, aber ich habe sonst ein wirklich zu schlechtes Gewissen – und das mindert meinen Genuss.

Ich presse also zuerst die Limettenhälfte aus und gebe den Saft mit dem abgetropften Thunfisch, der Mayonnaise und dem Senf in ein hohes Gefäß. Dann nehme ich den Stabmixer und püriere die Zutaten zu einer feinen Creme. Nun schneide ich nur noch die Cornichons in Würfelchen, rühre diese unter die Creme und schmecke alles pikant mit Salz, Pfeffer und Curry ab. Wenn es mal schnell gehen muss, gebe ich die Cornichons im Ganzen zu und mixe sie einfach mit unter.

Für die Sticks putze ich die Karotten und schäle sie. Den Staudensellerie wasche ich und putze ihn, indem ich die Fäden ziehe oder mit einem Sparschäler fein abschäle. Karotten und Staudensellerie schneide ich in 10 cm lange und 1 cm dicke Streifen. Die Salatgurke schäle ich nicht, deshalb nehme ich Bio-Ware, und natürlich wasche ich sie ordentlich. Dann halbiere ich die Gurke längs, kratze die Kerne mit einem Löffel heraus und schneide die Hälften in ebenfalls 10 cm lange, jedoch 2 cm dicke Streifen. Wenn ich die Paprikaschoten gründlich gewaschen habe, schneide ich sie auf, entkerne sie und schneide sie in 1 cm dicke Streifen.

Die Thunfischcreme richte ich in Schalen an und reiche die Sticks separat dazu. Wenn ich Gäste habe, richte ich die Creme auch in kleinen Gläschen an und stecke die Gemüsesticks einfach dekorativ hinein. Perfektes Fingerfood zum Dippen!

„Wie oft ich diese Thunfischcreme bereits gemacht habe, kann ich nicht mehr zählen! Sie ist der absolute Favorit meiner Frau, unseres Sohnes und unserer Freunde. Ich serviere sie gern zum Apéritif als Dip zu Gemüsesticks, wie hier im Rezept angegeben, oder zu geröstetem Brot. An anderen Tagen reiche ich sie ganz klassisch zum Vitello. Gibt es keine Kalbsnuss, oder habe ich keine Zeit für eine aufwendigere Zubereitung, dann nehme ich eben einen sehr guten Putenaufschnitt, den ich bei meinem Lieblingsmetzger kaufe. Warum es sich schwerer machen als nötig? Das Leben kann kompliziert genug sein.“

EDAMAME MIT CHILIFLOCKEN

FÜR 4 PERSONEN

300 g rohe Edamame-Bohnen in der Schote
3 EL Olivenöl
Fleur de Sel
3 TL Piment d'Espelette
3 EL Teriyaki- oder Yakitorisauce

Die Edamame besorge ich im Asialaden, dort gibt es sie überwiegend tiefgefroren zu kaufen. Vor der Zubereitung müssen sie kurz in kochendem Wasser gegart werden. Dann schrecke ich sie in Eiswasser ab und lasse sie gut abtropfen.

Wenn ich das Olivenöl in einer Pfanne etwas erhitzt habe, verrühre ich 2 TL Fleur de Sel und Piment d'Espelette darin und gebe dann die Bohnen hinzu. Die Edamame brate ich etwa 3 Minuten, dabei schwenke ich sie mehrfach in der Pfanne, damit sie rundum Hitze bekommen. Das mache ich auch so, wenn ich die Sauce hinzugebe. Dann reduziere ich die Temperatur und schwenke die Bohnen ungefähr weitere 5 Minuten. Zum Snacken bestreue ich sie nochmals mit ein wenig Fleur de Sel.

„Da saß ich also in London beim Japaner und bekam etwas auf den Tisch gestellt, was ich zuvor noch nie gegessen hatte. Der Name sagte mir zunächst mal auch rein gar nichts. Inzwischen bin ich total versessen auf diese unreifen Sojabohnen. Wenn sie nicht frittiert, sondern gedünstet und nur behutsam mit Fleur de Sel gewürzt werden, sind Edamame ein gesunder Snack. Ausgebacken sind sie natürlich krosser und noch leckerer. So esse ich sie selbstverständlich auch. Jedenfalls gelegentlich ..."

DATTELN IM SPECKMANTEL

FÜR 20 STÜCK

10 dünne Scheiben Frühstücksspeck
20 entsteinte Datteln oder Pflaumen

Damit der Speck beim Braten schön knusprig wird, muss er wirklich sehr dünn geschnitten sein. Das ist tatsächlich bei diesem Snack (fast) das Wichtigste. Die Speckscheiben halbiere ich also und umwickele die Datteln bzw. Pflaumen damit.

Ich erhitze eine Pfanne, natürlich ohne Fett zuzugeben, und brate die umwickelten Früchte zuerst auf der „Nahtseite". So hält der Speck. Dann brate ich sie von der anderen Seite und immer so rundherum, bis alle ganz kross sind. Sie sollten heiß sein, wenn man sie serviert, sonst schmeckt der Speckmantel nicht mehr ganz so knusprig.

„Klar, diesen Snack kann man auch kaufen. Mir ist aber in der Regel der Speck nicht dünn genug geschnitten. Und ich esse ihn tatsächlich nur, wenn er hauchdünn und richtig kross ausgebraten ist. Sonst ist mir der Geschmack zu fettig, irgendwie zu ‚speckig'. Je fleischiger übrigens die Datteln, desto besser. Richtig gut schmecken mir solche der Sorte Medjool (leider nicht immer zu bekommen!), sie besitzen eine ganz besondere Süße, die wunderbar zum salzigen Aroma des Bacons passt."

GEBACKENE MANDELN MIT MEERSALZ

FÜR CA. 300 G

1 Eiweiß
Meersalz, z. B. Fleur de Sel
300 g ungeschälte Mandeln
1 gestr. TL geräuchertes Paprikapulver

Und noch so ein Ratzfatz-Snack.

Hierfür den Backofen auf 180 °C Umluft vorheizen.

Das Eiweiß mit dem Meersalz und dem Paprikapulver aufschlagen und die Mandeln unterheben.

Dann verteile ich die Mandeln auf einem mit Backpapier ausgelegten Backblech und lasse sie für etwa 10 bis 15 Minuten im Ofen.

Anschließend nehme ich sie heraus und lasse sie auf dem Backblech erkalten. Wenn sie abgekühlt sind, kommen sie entweder luftdicht verpackt in den Vorratsschrank oder sofort in kleine Schüsselchen zum Knabbern.

„Selbstverständlich gibt es auch bei uns zu Hause klassische Fernsehabende, so ganz gemütlich. Ich gestehe: Ich brauche dazu etwas zum Knabbern. Statt aber Chips in mich hineinzufuttern, röste ich lieber Mandeln, würze sie leicht und genieße sie bewusst. Wenn es schneller gehen soll, verwende ich zum Würzen bereits gemahlenes Paprikapulver. Habe ich mehr Zeit, nehme ich geschnittene Paprika von meinem Koblenzer Gewürzhändler (Pfeffersack & Soehne). Die ist natürlich getrocknet, enthält aber deutlich mehr Aroma und Farbstoffe als das sonst überall erhältliche Pulver. Diese Paprika röste ich erst trocken in der Pfanne an, zerstoße sie anschließend im Mörser und würze die Mandeln dann mit dem selbst hergestellten, frischen Paprikapulver. Der Unterschied ist tatsächlich deutlich wahrnehmbar – findet auch Claudia!“

Guacamole

GUACAMOLE

FÜR 4 PERSONEN

1 Schalotte
½ Bund Koriander
2 reife Avocados
Saft von ½ Zitrone
Tabasco

Selbst diesen Dip herzustellen, ist nicht wirklich schwierig. Die Crux ist die Reife der Avocados. Sie müssen reif sein, aber nicht zu weich, denn dann sind sie meist innen schon so braun und schmecken überhaupt nicht mehr. Zu harte Früchte scheiden ohnehin von vornherein aus.

Bevor ich mich den Avocados widme, schneide ich die Schalotte, die ich natürlich vorher geschält habe, in Würfel. Nun wasche ich den Koriander, schüttele ihn trocken und hacke die Blättchen mitsamt den feinen Stängeln.

Die Avocados mit dem perfekten Reifegrad halbiere ich, entferne den Stein und löse das Fruchtfleisch aus. Ich beträufele dieses sofort mit dem Zitronensaft, damit es schön grün bleibt.

Dann zerdrücke ich sie so mit einer Gabel, dass sie immer noch stückig sind. Die Schalottenwürfel gebe ich zu den zerdrückten Avocados, vermische alles gut mit dem gehackten Koriander und schmecke die Guacamole mit einigen Tropfen Tabasco ab.

„Wem das mit großer Geste zelebrierte Olivenöl mit zentriertem Balsamico als Tunke zum Brot nicht reicht (so wie mir), probiert es mal mit diesem Dip. Guacamole kennt man in der Regel als sehr cremig; ich bevorzuge sie stückig und toppe sie gern zusätzlich noch mit Koriander – so wie ich sie vor einiger Zeit in Südkalifornien kennengelernt habe. Für mich der absolute Hit!“

GEWÜRZTE HONIG-NÜSSE

FÜR 4 PERSONEN

25 g Butter
1 EL flüssiger Akazienhonig
2 TL Fleur de Sel
1 Msp. Cayennepfeffer
300 g Cashewkerne
2 TL Ras el Hanout (oriental. Gewürzmischung)

Diese Knabberei ist wirklich in nullkommanix fertig. Ich schmelze einfach nur Butter und Honig in einem Topf mit schwerem Boden, gebe Fleur de Sel, Cayennepfeffer und die Cashewkerne hinzu (mit geschälten Mandeln funktioniert das übrigens genauso gut!).

Dann muss ich allerdings ständig rühren und das etwa 10 bis 15 Minuten, bis die Nüsse goldgelb geröstet sind. Zum Schluss mische ich noch 2 TL Ras el Hanout darunter, verteile die Cashewkerne auf einem mit Backpapier ausgelegten Blech. Wenn sie ausgekühlt sind, kann man sie gleich knabbern.

Wenn ich diese Knabberei auf Vorrat zubereite, verpacke ich sie luftdicht in einer Dose. Sie halten sich etwa 3 Wochen oder nur so lange, wie wir uns beherrschen können...

„Die Gewürzmischung Ras el Hanout habe ich mal bei meinem Lieblingsgewürzhändler in Koblenz entdeckt. Dort bekam ich den Tipp mit den in Butter und Honig gerösteten Nüssen. Ich verwende es aber auch, wenn ich orientalisch angehauchte Gerichte, zum Beispiel mit Lamm, zubereite. Ras el Hanout gehört zum Standardrepertoire von marokkanischen Gewürzhändlern. Bis zu 25 unterschiedliche Gewürze gehören in die Mischung, die frisch geröstet und gemörsert eine wahre Aromenexplosion im Mund hervorruft: mit orientalischer Würze, angenehmer Süße, herzhaften Noten, abgerundet durch dezente Schärfe."

VATER & SOHN SANDWICH

FÜR 4 SANDWICHES

REMOULADENSAUCE

- **3 Eier**
- **1 Schalotte**
- **12 Cornichons**
- **6 EL Mayonnaise (siehe S. 16)**
- **250 g saure Sahne**
- **1 Bund Schnittlauch**
- **Salz, Pfeffer**

SANDWICHES

- **4 Scheiben Sandwichtoast**
- **4 EL selbst gemachte Remouladensauce**
- **4 Romanasalatherzblätter**
- **8 Scheiben hauchdünner Kochschinken**
- **8 Scheiben Salatgurke**

Für meine selbst gemachte Remouladensauce koche ich zunächst die Eier hart und schrecke sie ab. Dann wird gepellt und fein gehackt. Weiter geht's mit der Schalotte, die ich natürlich erst schäle und in kleine Würfel schneide. Die Cornichons lasse ich gut abtropfen und schneide sie ebenfalls klein. Jetzt verrühre ich Mayonnaise und saure Sahne ordentlich miteinander und vermische alles mit den gehackten Eiern sowie den Schalotten- und Cornichonwürfeln. Nun fehlen nur noch der gewaschene und in Röllchen geschnittene Schnittlauch und natürlich Salz und Pfeffer. Schon ist die Sauce fertig, die übrigens auch gut zu Gegrilltem passt.

Der Rest für das Vater-Sohn-Sandwich geht ganz schnell. Auf den getoasteten (oder im Ofen gerösteten) Brotscheiben verstreiche ich jeweils ½ EL Remouladensauce. Ich verteile den Romanasalat darauf, belege dann das Sandwich wellenartig mit dem Schinken und gebe die Gurken on top. Dann die zweite Brotscheibe oben drauf, diagonal halbieren und schon ist alles fertig zum Servieren.

„Eigentlich ist diese Art von belegtem Brot schon fast eine Hauptspeise ... Vor allem aber der absolute Liebling von Alexander und mir. Der Fantasie sind hierbei nun wirklich keine Grenzen gesetzt! Wir belegen, was der Kühlschrank hergibt, immer unbedingt mit Gurke und Salat. Die restliche Remoulade hebe ich auf für die nächsten Tage, da bekomme ich meistens noch mal Lust auf ein Sandwich."

HAUPT-
GERICHTE

„Ich besitze zwar einen Dampfgarer, aber seitdem ich entdeckt habe, dass Spargel in Backpapier gewickelt im Ofen noch aromatischer wird, bereite ich ihn nur noch so zu. So habe ich genügend Ruhe, die Sauce frisch aufzuschlagen. Und was mache ich mit dem Dampfgarer? Der kümmert sich in der Zwischenzeit um die Pellkartoffeln!“

SPARGEL IN BACK-PAPIER GEGART

FÜR 4 PERSONEN

SPARGEL
20 gleich dicke Stangen weißer Spargel (ca. 1 kg)
80 g Butter
Salz
Zucker

SAUCE HOLLANDAISE
200 g Butter
3 Eigelb
60 ml Weißwein
Zitronensaft
Salz, Pfeffer
Muskatnuss

Ich gebe zu: Manchmal kaufe ich den Spargel direkt beim Bauern bereits geschält. Gerade, wenn ich viele Gäste erwarte, ist das nämlich eine deutliche Arbeitserleichterung für mich. Wenn ich nur für uns drei koche, schäle ich den Spargel selbstverständlich selbst. So viele Stangen sind es dann ja nicht!

Den Backofen heize ich schon mal auf 180 °C Umluft vor und schneide mir Backpapierbögen von etwa 40 cm zu. Den Spargel muss ich gegebenenfalls schälen und die holzigen Enden abschneiden. Pro Portion 5 Stangen auf das Backpapier legen, jeweils die Butter in Flocken darauf verteilen und mit Salz und Zucker würzen. Zum Verschließen der Spargelpäckchen, diese wie ein Bonbon eindrehen und mit Küchengarn zubinden. Nebeneinander auf ein Backblech setzen und im Backofen etwa 40 Minuten garen. Anschließend aus dem Ofen nehmen und kurz ruhen lassen.

Kurz vor Ende der Garzeit des Spargels bereite ich die Sauce hollandaise zu. Dazu lasse ich Butter in einem Topf heiß werden, bis sie schäumt. Dann reduziere ich die Temperatur, da die Butter sonst verbrennt und braun wird (kann man dann gleich wegschütten und von vorn anfangen). Um die Butter zu klären, schöpfe ich mit einer Kelle oder einem Löffel immer wieder den Schaum und die sich absetzende Molke ab. Dann die geklärte Butter vom Herd nehmen und warm halten, damit sie flüssig bleibt.

In einem weiteren Topf lasse ich Wasser heiß werden, darüber stelle ich eine Schüssel, in der die Sauce aufgeschlagen wird. Am besten funktioniert hierfür eine sogenannte Schlagschüssel. Wichtig: Der Boden der Schüssel darf das Wasser auf keinen Fall berühren, sonst gerinnt das Eigelb! Dann gebe ich Eigelbe und Weißwein hinein, schlage alles mit einem Schneebesen kräftig auf, bis eine glatte, hellgelbe Masse entsteht. Sobald die Eier durch die Wärme eine leichte Bindung bekommen, lasse ich unter ständigem Rühren langsam die geklärte Butter einlaufen. Immer weiterschlagen, bis die Sauce bindet und eine schön schaumige Konsistenz bekommt.

Zum Schluss schmecke ich die Sauce noch mit einem Spritzer Zitronensaft, Salz, Pfeffer und frisch geriebener Muskatnuss ab.

Den Spargel richte ich gleich mit der Sauce auf Tellern an. Dazu gibt's Pellkartoffeln und klassische Wiener Schnitzelchen, wie auf Seite 137 beschrieben.

GRÜNER OFEN-SPARGEL MIT POCHIERTEM EI

FÜR 4 PERSONEN

SPARGEL
1 kg grüner Spargel
3 EL Olivenöl
Salz, Pfeffer
Zucker
Abrieb von je ½ unbehandelten Orange oder Zitrone

KRÄUTERSEMMELBRÖSEL
100 g Butter
100 g Semmelbrösel
2 EL gehackte Kräuter, z. B. glatte Petersilie, Thymian, Salbei, Majoran
Salz

POCHIERTE EIER
2 l Wasser
4 EL Weißweinessig
4 Eier

ZUM ANRICHTEN
25 g geröstete Pinienkerne
24 Kalamata-Oliven

Wie – fast immer – zunächst den Backofen auf 180 °C Umluft vorheizen.

Vom grünen Spargel schäle ich gegebenenfalls nur das untere Drittel und schneide das untere Ende ab. Die Stangen kommen nebeneinander auf ein mit Backpapier ausgelegtes Backblech. Ich beträufele sie lediglich mit Olivenöl und bestreue sie mit Salz, Pfeffer sowie etwas Zucker, mehr braucht es nicht. So ich ihn gerade zur Hand habe, gebe ich noch etwas Orangen- oder Zitronenabrieb dazu. Im Backofen benötigt der Spargel nur etwa 20 Minuten, bis er den perfekten Garpunkt erreicht hat.

Diese Zeit nutze ich, um für die Kräutersemmelbrösel die Butter schmelzen zu lassen. In die geschmolzene Butter gebe ich die Brösel und röste sie bei mittlerer Temperatur leicht goldgelb. Dann rühre ich die gehackten Kräuter unter und würze alles mit etwas Salz. Dann ab in eine Schüssel und auskühlen lassen.

Nun sind die pochierten Eier dran – siehe Anmerkung. Die bereite ich einzeln zu und lasse sie dann auf Küchenpapier abtropfen. Eventuell muss ich sie kurz warm halten, je nachdem, wie lange der Spargel noch im Ofen braucht.

Die Spargelstangen richte ich zum Servieren auf Tellern an, dekoriere sie mit den gerösteten Pinienkernen und Kalamata-Oliven, den Kräutersemmelbröseln sowie jeweils einem pochiertem Ei.

„Zugegeben, die ersten beiden Versuche, pochierte Eier zu machen, landeten im Futternapf unseres Hundes Summer (ist ja gut für das Fell!). Inzwischen habe ich den sprichwörtlichen Dreh heraus: Ich bringe Wasser im Topf zum Sieden, mit sehr mildem Essig, schlage das Ei in einer Espressotasse auf, verquirle das heiße Wasser und gebe das Ei in den Strudel. Mit Esslöffeln ziehe ich das Eiweiß vorsichtig über das Eigelb. Dabei das Wasser beobachten, denn es darf auf keinen Fall kochen! – und nach höchstens vier Minuten ist das Ei so wachsweich gegart, wie ich es mag."

BANDNUDELN MIT PFIFFERLINGEN

FÜR 4 PERSONEN

600 g Pfifferlinge
150 g Cabanossi
2 Schalotten
1 Knoblauchzehe
1 EL Rapsöl
Salz, Pfeffer
200 ml Weißwein
500 g frische Bandnudeln
5 Stängel glatte Petersilie

Zumeist säubere ich die Pilze wie unten beschrieben. Sollten sie nicht ganz so sandig sein, wische ich sie mit einem Pinsel ab. Dann schneide ich sie in gleichmäßige Stücke. Von der Cabanossi ziehe ich die Schale ab und schneide die Wurst in möglichst dünne Scheiben. Schalotten und Knoblauch schäle und würfele ich fein.

Um die Cabanossi auszubraten, erhitze ich in einer Pfanne das Öl und lasse die Wurstscheiben darin schön kross werden. Anschließend auf Küchenpapier gut abtropfen lassen und im verbliebenen Öl die Schalotten- und Knoblauchwürfel anschwitzen. Nun kommen die Pfifferlinge in die Pfanne und müssen ordentlich angebraten werden. Zwischendrin würze ich mit Salz und Pfeffer, lösche zum Schluss alles mit Weißwein ab und lasse die Pilze etwa 5 Minuten köcheln. Dann gebe ich die Cabanossischeiben wieder zu und lasse sie heiß werden.

Ich liebe Pasta in jeder Form, aber am allerliebsten mag ich frische (zugegeben: gekaufte). Da kann ich die Bandnudeln auch fix in reichlich Salzwasser bissfest kochen, während die Pilze garen.

Zum Schluss nochmals mit Salz und Pfeffer abschmecken und mit frisch gehackter Petersilie dekorieren.

„Wie erobert ein Mann das Herz einer Frau? Da gibt es sicher viele Wege. Meiner war eine Einladung zu einem selbst gekochten Abendessen – mit genau diesem Rezept. Es ist vielleicht unnötig zu erwähnen, aber dieses ist unser absolutes, ganz persönliches Lieblingsessen! Übrigens: Pfifferlinge können sehr sandig sein. Obwohl ich natürlich weiß, dass Pilze generell nicht gewaschen werden sollen, tue ich das trotzdem. Ich füge etwas Mehl zum Wasser hinzu, schwenke die Pfifferlinge darin und habe anschließend weder Knirschendes noch Krabbelndes im Essen."

SPAGHETTI MIT BASILIKUM-MINZ-PESTO

FÜR 4 PERSONEN

50 g geschälte Mandeln
2 Bund Basilikum
½ Bund Minze
Abrieb von 1 unbehandelten Limette
250 ml Olivenöl
Salz, Pfeffer
400 g Spaghetti

AUSSERDEM
Parmesan, nach Geschmack

Da ich nun mal absolut kein Käsefan bin, gibt es mein persönliches Pesto immer nur ohne Parmesan. Doch es lässt sich unkompliziert abwandeln, indem ich zusätzlich noch 40 g frisch geriebenen Parmesan zugebe.

Für meine Variante röste ich zunächst die Mandeln ohne Zugabe von Fett in einer Pfanne goldbraun an, nehme sie dann heraus und lasse sie abkühlen. In der Zwischenzeit wasche ich die Kräuter, schüttele sie trocken – das geht noch besser in der Salatschleuder –, zupfe die Blätter ab und schneide sie grob klein. Dann kommen sie zusammen mit den Mandeln sowie dem Limettenabrieb in einen hohen Becher. Mit dem Stabmixer kann ich das Ganze dann zu einem feinen Pesto mixen, das Olivenöl mixe ich ganz am Schluss und nur kurz unter, weil es sonst bitter wird. Jetzt noch mit Salz und Pfeffer abschmecken, schon ist das Pesto fertig!

Die Spaghetti koche ich nach Packungsangabe in reichlich Salzwasser „al dente". Sind sie bissfest gegart, gieße ich das Kochwasser ab und fange dabei ein wenig davon auf. Dann vermische ich die Pasta in einer großen Schüssel mit der Hälfte vom Pesto und etwas Kochwasser. A tavola, per favore!

Was ich mit der restlichen Hälfte vom Pesto mache? Das fülle ich in ein verschließbares Gefäß und bedecke die Oberfläche mit einem guten Schuss Olivenöl. So hält es sich bis zu einer Woche im Kühlschrank.

„Nudeln und Pesto hat vermutlich jeder von uns schon oft gegessen. Deshalb kombiniere ich das vertraute Basilikum mit Minze und Limette für den ultimativen Sommer-Frische-Kick. Obwohl beide Kräuter für sich genommen dominant sind, harmonieren sie ausgesprochen gut miteinander."

„Mit grünem Spargel, meinen heißgeliebten Erbsen und Frühlingszwiebeln ist dieses Risotto etwas ganz Besonderes. Hierzu esse ich übrigens auch Parmesan. Es wäre undenkbar, dieses Gericht ohne Käse zu servieren, und in dieser geschmolzenen Form schmeckt er sogar mir!“

RISOTTO MIT GRÜNEM SPARGEL, ERBSEN UND FRÜHLINGSZWIEBELN

FÜR 4 PERSONEN

200 g tiefgefrorene Erbsen
1 Bund grüner Spargel
1 Bund Frühlingszwiebeln
50 g Butter
300 g Risottoreis
100 ml Weißwein
800 ml Gemüsebrühe
Salz
80 g Crème fraîche
30 g frisch geriebener Parmesan
Pfeffer
Saft von ½ Zitrone

Für dieses italienisch inspirierte Essen nehme ich meist tiefgefrorene Erbsen. Allerdings nicht zur Saison, wenn es meine grünen Lieblinge ganz frisch gibt. Ich liebe schon den Duft der jungen Erbsen. Es ist zwar etwas mehr Arbeit, sie zu palen; es lohnt aber, sich die Mühe zu machen. Der Vorteil von TK-Erbsen ist, dass ich sie das ganze Jahr bekomme und gut bevorraten kann, genauso wie grünen Spargel, der sich ebenfalls sehr unkompliziert einfrieren lässt.

Die Erbsen lasse ich also in einem Sieb erst einmal auftauen und schäle unterdessen den grünen Spargel, falls nötig. In jedem Fall müssen die holzigen unteren Enden ab. Die Stangen schneide ich in Drittel und lege die Spargelköpfe für später beiseite. Nun noch die Frühlingszwiebeln waschen und putzen. Ich schneide alles in feine Ringe; der grüne Anteil kommt zu den Spargelköpfen.

Danach in einem Topf die Butter erhitzen, die weißen Frühlingszwiebeln darin anschwitzen, den Reis zugeben, leicht anrösten und mit Weißwein ablöschen. Wenn der Wein aufgesogen ist, fülle ich ½ Liter von der heißen Brühe auf, gebe den Spargel – nicht die Köpfe! – dazu und lasse den Reis bei kleiner Hitze quellen. Ich rühre ab und zu um, damit nichts anbrennt. Ist die Gemüsebrühe aufgesogen, nochmals mit der restlichen Gemüsebrühe auffüllen; der Reis sollte nach ca. 25 Minuten bissfest gegart sein.

Wenn der Reis soweit versorgt ist, koche ich nur noch fix die Erbsen und die Spargelköpfe mit dem Grün von den Frühlingszwiebeln in ausreichend Salzwasser – das dauert etwa 4 Minuten – und schrecke das „Grünzeug“ anschließend in Eiswasser ab, damit die Farbe intensiv bleibt.

Ist der Reis gar, nur noch die Erbsen, Spargelköpfe und Frühlingszwiebeln sowie Crème fraîche und Parmesan unterheben. Mit Salz, Pfeffer und Zitronensaft abschmecken und servieren.

THUNFISCHSTEAK MIT GURKENSALAT ASIA STYLE

FÜR 4 PERSONEN

GURKENSALAT ASIA STYLE

1 kleine rote Chilischote
1 Knoblauchzehe
2 cm Ingwer
1 EL brauner Zucker
½ TL feines Meersalz
2-3 EL Limettensaft
2 EL Fischsauce
1 Salatgurke
1 Schalotte
2 Frühlingszwiebeln
2 Stängel Minze
2 Stängel Koriander
80 g geröstete Cashewkerne

THUNFISCH

1 Thunfischsteak (ca. 500 g)
Salz, Pfeffer
1 TL Wasabipaste
Weizenmehl zum Bestäuben
3 EL Olivenöl

Um den Gurkensalat zuzubereiten, kümmere ich mich zuerst um die Sauce. Dafür putze und wasche ich die Chilischote, die Kerne müssen raus, dann schneide ich die Chili in ganz kleine Würfel. Knoblauchzehe und Ingwer müssen ebenfalls geschält und schön klein geschnitten werden. Dann kommt alles mit braunem Zucker und Salz in einen Mörser und wird fein zerrieben. Wenn ich damit durch bin, verrühre ich die entstandene Paste mit dem Limettensaft und der Fischsauce.

Die Gurke schäle ich, halbiere sie längs und entferne die Kerne, weil diese den Salat verwässern würden. Ich hobele die Gurkenhälften meist, man kann sie aber auch mit einem scharfen Messer in dünne Scheiben schneiden. Wenn ich die Schalotte geschält und halbiert habe, schneide ich sie ebenfalls in dünne Scheiben. Gurke und Schalotte vermenge ich danach gut mit der Sauce.

Kurz vorm Servieren schneide ich die geputzten und gewaschenen Frühlingszwiebeln in feine Ringe. Von den gewaschenen Kräutern zupfe ich die Blätter ab und hacke diese ganz fein. So fein gehackt streue ich sie zum Anrichten über den Salat, ebenso die Frühlingszwiebeln und die Cashewkerne.

Nun das Thunfischsteak waschen und trocken tupfen, mit Salz und Pfeffer würzen. Auf beiden Seiten dünn mit Wasabipaste bestreichen und mit Mehl bestäuben. In einer Pfanne das Öl erhitzen und den Thunfisch von allen Seiten lediglich etwa 2 Minuten scharf anbraten, damit er innen noch rosa ist. Dann fix aus der Pfanne nehmen, mit einem scharfen Messer in dünne Scheiben schneiden und zum Gurkensalat servieren.

„Ein absolutes Blitz-Lieblingsgericht! Die Qualität muss natürlich stimmen und der Fisch ganz frisch sein. Ich nehme im Übrigen immer lieber ein größeres Stück als drei kleine, wenn ich für uns koche, weil der Thunfisch dann nicht trocken wird. Außerdem brate ich ihn wirklich nur sehr kurz an, damit er innen noch roh bleibt. Thunfisch ist für mich typisch japanisch, deshalb gefällt mir dieser asiatisch angehauchte Gurkensalat dazu am besten."

GEBRATENER STEINBUTT

FÜR 6 PERSONEN

1 Steinbutt (ca. 4 kg)
Olivenöl zum Braten
Salz, Pfeffer
Zitronensaft

Das Fleisch dieser Art von Fischen ist weiß, fest und hat einen leicht nussigen, unverwechselbaren Geschmack. Steinbuttfilets lassen sich pochieren oder braten, mit Sauce, mit Speck oder mit Kräutern anrichten. Meiner Familie und mir schmeckt er am besten aus dem Ofen – im Ganzen zubereitet und fast puristisch.

Damit der Steinbutt schön nachgaren kann, heize ich den Backofen auf 160 °C Ober- und Unterhitze vor. Dann wasche ich den ganzen Steinbutt und tupfe ihn trocken. Die Flossen schneide ich mit der Küchenschere rundherum ab. Seitlich von der Mittelgräte liegen die Filets, da schneide ich die Haut etwas ein, weil dadurch die Hitze besser ins Innere gelangt.

Zum Anbraten verwende ich eine ausreichend große Pfanne, in die der Fisch auch hineinpasst. Diese lasse ich auf dem Herd schon mal heiß werden und gebe dann einen Schuss Öl hinein. Darin brät der Steinbutt dann von beiden Seiten gut an – insgesamt etwa 10 Minuten. Dann kommt er zum Nachgaren auf ein Blech in den Ofen, für etwa 25 bis 30 Minuten.

Vom fertig gegarten Fisch lassen sich die Filets ganz leicht auslösen. Nun noch etwas Salz, Pfeffer und Zitronensaft. Mehr benötigt es im Prinzip nicht.

Frisches Brot passt natürlich immer, alternativ eignen sich natürlich auch Pellkartoffeln, und wer mag, reicht noch zum Dippen etwas Salsa verde (siehe Seite 16).

„So ein ganz frischer Steinbutt ist ein echter Genuss! Um die Flossen abzutrennen, braucht man unbedingt ein sehr scharfes Messer. Ich nehme allerdings immer eine sehr scharfe Küchenschere, weil ich damit deutlich besser klar komme. Wir genießen ihn pur, zum Beispiel wenn wir auf Ibiza sind. Einfach nur ein paar Spritzer Zitrone und ganz frisches Baguette dazu. Fertig!“

FISCH IN DER MEERSALZKRUSTE

FÜR 4 PERSONEN

1 ganzer Meeresfisch mit 1 – 1,5 kg, z. B. Dorade, Loup de Mer oder Red Snapper
1 unbehandelte Zitrone
1 Handvoll gemischte Kräuter, z. B. Dill, glatte Petersilie, Kerbel
4 Eiweiß
2 kg grobes Meersalz

Das ist für mich eigentlich ein typisches Ibiza-Essen, das meines Erachtens ohne weitere „Sättigungsbeilage“ auskommt. Frisches Brot geht allerdings natürlich immer dazu ...

Je nachdem, woher ich den Fisch bekomme, muss ich ihn eventuell ausnehmen und die Kiemen mit einer Schere herausschneiden. Schuppen ist in der Regel nicht nötig. Was aber wichtig ist: den Fisch unter fließendem Wasser zu waschen und anschließend sorgfältig mit Küchenpapier trockenzutupfen, sonst verwässert der frische Fischgeschmack im wahrsten Sinne des Wortes. Dann wasche ich die Zitrone heiß ab, trockne sie, schneide sie in Stücke und gebe sie in die Bauchhöhle. Darüber verteile ich die gewaschenen und trocken geschüttelten Kräuterstängel. Jetzt noch die Eiweiße steif schlagen und so mit dem groben Salz vermischen, dass eine formbare Masse entsteht. Bei Bedarf gebe ich noch etwas Wasser zu.

Und so geht’s weiter: den Backofen auf 230 °C Ober- und Unterhitze vorheizen. Die Hälfte der Salzmischung auf ein mit Backpapier belegtes tiefes Backblech schichten, den Fisch darauf legen und gleichmäßig mit dem restlichen Salz bedecken, die Masse dabei gut andrücken. Den bedeckten Fisch in den Ofen schieben und etwa 45 Minuten backen.

Nach Ende der Garzeit die Salzkruste vom Fisch an der Seite am besten mit einem Sägemesser rundum aufschneiden (notfalls mit einem Hammer aufklopfen) und den Deckel abheben – Vorsicht: Das ist wirklich heiß! Nun noch alle Salzkörner vom Fisch abstreifen, die Haut abziehen und den Fisch portionsweise auf Tellern anrichten.

Dazu reiche ich gerne die Salsa verde von Seite 16. Und wie oben erwähnt: frisches Brot.

„Das hier ist – mit einem schönen Salat dazu – ein ideales Essen für Gäste. Allerdings nur, wenn diese auch pünktlich sind. Der Fisch in der Salzkruste lässt sich sehr gut vorbereiten und gart dann im Ofen. Er verzeiht aber nicht, wenn er zu lange darin bleibt. Timing ist also alles! Am besten die Freunde etwas früher einladen und mit einem kleinen Snack (hierfür gibt’s genügend Vorschläge im entsprechenden Kapitel) bei Laune halten, bis das Hauptgericht fertig ist.“

SEETEUFEL MIT PAPAYA-SALSA

FÜR 4 PERSONEN

PAPAYA-SALSA
1 rote Chilischote
4 cm Ingwer
400 g Papayafruchtfleisch
2 Frühlingszwiebeln
100 g geröstete Cashewkerne
2 unbehandelte Limetten
2 EL helles Sesamöl
2 EL Olivenöl
2 EL helle Sojasauce
1 TL Garam Masala
Salz, Pfeffer
Zucker

SEETEUFEL-MEDAILLONS
500 g Seeteufelrücken
2 EL Olivenöl
2 Zweige Thymian
1 Zweig Rosmarin
1 Knoblauchzehe
Salz, Pfeffer

Ingwer, Chili und Garam Masala sorgen für ein bisschen Schärfe in der Salsa; für mich dürfen auch gern ein paar Kerne von der Chilischote dabei sein – ich liebe es „heiß"! Die geputzte Chilischote halbiere ich längs, entkerne sie für alle die, die es nicht so pikant mögen, und schneide sie anschließend in feine Streifen. Den Ingwer schäle ich zuerst, bevor ich ihn in kleine Würfel schneide. Das Fruchtfleisch der Papaya würfele ich sehr klein. Die geputzten und gewaschenen Frühlingszwiebeln werden in feine Ringe geschnitten, die Cashewkerne gehackt.

Von den Limetten benötige ich sowohl Abrieb als auch Saft. Also heiß abwaschen, gut abtrocknen und die Schale abreiben, dann den Saft auspressen. Diesen verrühre ich mit dem Sesam- und Olivenöl sowie der Sojasauce, füge Garam Masala und Limettenschale hinzu ebenso die vorbereiteten Zutaten. Ordentlich vermischen und mit Salz, Pfeffer sowie einer Prise Zucker abschmecken.

Wenn ich den Seeteufel gewaschen und trocken getupft habe, schneide ich ihn in ungefähr 4 cm dicke Medaillons. Das Olivenöl erhitze ich in einer Pfanne und brate die gewaschenen Kräuterzweige sowie den geschälten und leicht angedrückten Knoblauch kurz darin an. Dann lege ich die Seeteufel-Medaillons dazu und brate sie unter mehrmaligem Wenden etwa 8 bis 10 Minuten. Anschließend noch mit Salz und Pfeffer würzen und zusammen mit der Papaya-Salsa auf Teller anrichten. Frisches Baguette oder aber Basmatireis passen gut dazu, ansonsten braucht es keine weiteren Beilagen, wie ich finde.

„Was ich an diesem Fisch so schätze, ist sein festes, fast grätenfreies Fleisch und sein feines Aroma. Bei den ibizenkischen Fischhändlern (und anderswo) bekommt man ihn ja nur ohne Kopf zu kaufen. Das hat auch Vorteile, denn sein Name kommt nicht von ungefähr – er sieht echt gruselig aus. Schmeckt allerdings unvergleichlich gut. Zusammen mit der fruchtigen, leicht scharfen Salsa ist das für mich die perfekte Kombination, besonders sommerlich und herrlich leicht."

LACHSFILET IN SESAM MIT SPINAT-AVOCADO-SALAT

FÜR 4 PERSONEN

SALAT
1 unbehandelte Limette
1 Avocado
200 g Babyspinat
2 Aprikosen
(alternativ 5 getrocknete)
1 Schalotte
2 EL Balsamicoessig
Salz, Pfeffer
1 TL flüssiger Honig
4 EL Olivenöl
1 Kästchen Kresse

LACHS MIT SESAM
4 Lachsfilets (à ca. 125 g)
Salz
5 Stängel Dill
100 g Sesam
3 EL Pflanzenöl

Habe ich bereits erwähnt, dass ich gern Salat esse? Vermutlich in diesem Buch schon öfter, denn das tue ich wirklich gern! In der Saison ist Babyspinat für diese Kombination mit Avocado besser geeignet als der „erwachsene“, der zu hart sein kann –, ist kein junger Spinat zu bekommen, kann man natürlich darauf zurückgreifen. Die Aprikosen sorgen für ansprechende Farbe und Fruchtigkeit; zusammen mit dem Fisch werden sie eher selten serviert, meist kennt man das ja mit Lamm oder Huhn. Die Kresse sorgt für einen Tick Schärfe, die wiederum sehr gut mit dem Lachs harmoniert, wie ich finde, ohne das Aroma zu „übertünchen“.

Für den Salat wasche ich zunächst die Limette heiß ab, trockne sie gut und reibe die Schale ab. Ich presse auch sofort den Saft aus, damit ich die in Spalten geschnittene Avocado damit beträufeln kann. Sonst wird sie braun – was wiederum nicht so schön aussieht. Der Limettenabrieb wird vorsichtig mit den Avocadospalten vermengt. Anschließend den Babyspinat waschen und trocken schleudern. Aprikosen waschen, halbieren, Kerne entfernen und in Spalten schneiden. Nun noch die Schalotte schälen und fein würfeln. Für das Dressing in einer Schüssel Balsamicoessig, Schalottenwürfel, Salz, Pfeffer und Honig verrühren. Unter Rühren langsam das Olivenöl zugeben und nochmals abschmecken.

Erst kurz vor dem Anrichten den Babyspinat und die Aprikosenspalten mit der Vinaigrette mischen.

Als Nächstes heize ich den Backofen auf 120 °C Umluft vor. Dann mache ich mich an die Zubereitung der Lachsfilets. Also waschen, trocken tupfen und mit Salz würzen. Vom gewaschenen und trocken geschüttelten Dill die Spitzen abzupfen und mit dem Sesam mischen.

Die Lachsfilets nacheinander in dieser Mischung wenden, bis sie überall anhaftet, und in einer Pfanne Öl erhitzen. Die Lachsfilets von allen Seiten bei mittlerer Hitze ungefähr 6 bis 8 Minuten braten. Vorsicht: Der Sesam darf nicht verbrennen! Sollte der Lachs noch nicht gar sein, aber der Sesam schon sehr dunkel, die Fischfilets nochmals in den Backofen geben und etwa 5 bis 8 Minuten weitergaren.

Wenn alles soweit fertig ist, zum Servieren je 3 Avocadospalten auf einen Teller legen, darauf etwas von dem Babyspinatsalat anrichten, zum Schluss noch etwas Kresse abschneiden und über alles streuen. Jetzt noch die Lachsfilets anlegen und sofort auf den Tisch bringen.

„Hier kombiniere ich knusprige und fruchtige Komponenten, die ideal das typische Fischaroma unterstreichen. Da auch Lachs zumeist aus ‚Massenzucht' stammt und entsprechend mit Medikamenten behandelt ist, kaufe ich nach Möglichkeit wild gefangenen beziehungsweise solchen aus Bio-Aquakultur. Der Unterschied ist besonders deutlich hinsichtlich Festigkeit und Fettgehalt!"

PAELLA

FÜR 4 PERSONEN

300 g tiefgefrorene Meeresfrüchte
100 g tiefgefrorene Erbsen
400 g Hähnchenbrustfilet
2 Zwiebeln
2 Knoblauchzehen
je 1 rote und gelbe Paprikaschote
150 g Kenia-Bohnen
4 EL Olivenöl
Salz, Pfeffer
300 g Paellareis (Risottoreis)
1 Döschen Safranfäden
400 ml Fischfond
300 ml Gemüsebrühe
300 g Miesmuscheln
rosenscharfes Paprikapulver

Für mich geht zur Paella an sich nur Huhn. Aber was tut man nicht alles aus Liebe? Claudia mag nun mal alles aus dem Meer, ich esse dann halt darum herum. Bekomme ich keine frischen Meeresfrüchte, nehme ich tiefgefrorene und lasse diese gleich zusammen mit den Erbsen auftauen.

Während also alles auftaut, bereite ich die Hähnchenbrustfilets zu: waschen, trocken tupfen und in mundgerechte Würfel schneiden. Die geschälten Zwiebeln sowie die Knoblauchzehen in kleine Würfel schneiden und die geputzten und halbierten Paprikaschoten ebenfalls. Nun nur noch die Kenia-Bohnen putzen, waschen und gegebenenfalls sehr lange Exemplare halbieren.

Das Hähnchenfleisch brate ich in einer großen Pfanne (da soll ja schließlich die komplette Paella rein!) in 2 EL Öl an. Wenn es schön braun ist, würze ich es mit Salz und Pfeffer, dann kann ich es herausnehmen und für später beiseitestellen. Im restlichen Öl brate ich die Meeresfrüchte scharf an. Anschließend salzen, pfeffern und ebenfalls herausnehmen. Nun die Zwiebel-, Knoblauch-, Paprikawürfel, Kenia-Bohnen und den Paellareis anschwitzen. Safranfäden in den Fischfond rühren, zusammen mit der Gemüsebrühe zugießen und aufkochen. Das Ganze lasse ich dann abgedeckt bei geringer Hitze ca. 15 Minuten garen.

Diese Zeit nutze ich, um die Miesmuscheln gründlich zu waschen, zu bürsten und den Bart zu entfernen. Geöffnete Muscheln sortiere ich gleich aus, die geschlossenen kommen zusammen mit dem angebratenen Hähnchenfleisch, den Meeresfrüchten und den Erbsen in die Pfanne. Deckel drauf und weitere 5 Minuten garen. Anschließend schaue ich, ob eventuell noch Muscheln geschlossen sind, die müssen dann aussortiert werden. Jetzt noch salzen, pfeffern, mit etwas Paprikapulver abschmecken und ab auf den Tisch!

„Fürs Ibiza-Feeling auf unserer Koblenzer Terrasse sorgt dieser Klassiker der spanischen Küche. Für Claudia gibt es ganz typisch Miesmuscheln und andere Meeresfrüchte, ich esse lieber gebratene Hähnchenbrust darin. Kompromisse gehören im Leben dazu, und zur Paella passt sowohl das eine als auch das andere."

SAUCE BOLOGNESE MIT ZITRONENGRAS

FÜR 4 PERSONEN

1 Stange Staudensellerie
2 Karotten
1 Zwiebel
2 Knoblauchzehen
2 Stangen Zitronengras
5 Stängel glatte Petersilie
3 EL Olivenöl
500 g Rinderhackfleisch
2 EL Tomatenmark
250 ml Rotwein
1 Dose (425 g) stückige Tomaten
Salz, Pfeffer
Currypulver

Für mich ist dies eines der besten und unkompliziertesten Rezepte, wenn ich für meine Familie im Alltag koche. Ich kann gleich etwas mehr davon machen und einfrieren – wie hat meine Mutter immerso schön gesagt: Dann hat man immer was zur Hand! Für die doppelte Menge brauche ich nur einen entsprechend großen Topf.

Für die Sauce also Staudensellerie putzen, waschen und Fäden ziehen. Karotten putzen und schälen, die Zwiebel und Knoblauchzehen schälen. Das ganze Gemüse schneide ich in sehr kleine Würfel, das schmeckt einfach besser als so große Stücke in der Bolognese. Vom Zitronengras noch die äußeren harten Blätter entfernen, das Weiche mittig halbieren und die Stücke mit dem Messerrücken mehrmals anklopfen, damit das Zitronengras sein Aroma besser an die Sauce abgeben kann. Die Petersilie waschen, trocken schütteln und die Blätter hacken.

Nach dieser Vorbereitung erhitze ich in einem ausreichend großen Topf das Olivenöl und brate das Hackfleisch darin bei hoher Temperatur ca. 5 Minuten krümelig an. Gebe anschließend die Zwiebel- und Knoblauchwürfel zu und brate sie kurz mit dem Hackfleisch. Dann die Gemüsewürfel zugeben und ebenfalls mitbraten. Das Tomatenmark einrühren und etwas anrösten. Wenn alles eine schöne Farbe hat, lösche ich das Ganze mit 100 ml Rotwein ab und lasse es einkochen, bis der Rotwein verdunstet ist. Dann kommen die stückigen Tomaten dazu sowie der restliche Rotwein. Zum Schluss gebe ich das Zitronengras zur Bolognese, rühre alles gut um, lege den Deckel auf den Topf und lasse die Sauce bei mittlerer Temperatur etwa 45 Minuten vor sich hin köcheln. Ab und zu muss ich allerdings umrühren, damit nichts anbrennt. Vor dem Servieren nehme ich das Zitronengras aus der Sauce, schmecke sie schön pikant mit Salz, Pfeffer sowie Curry ab und rühre die Petersilie unter.

Am liebsten esse ich zur Bolognese frische Pasta, sie ist aber auch richtig lecker mit etwas nussig schmeckenden Spiralnudeln aus Dinkel.

„Italien trifft Asien. So könnte man dieses echte ‚Crossover‘ nennen. Eine typische ‚Bolo‘ kennt ja irgendwie auch jeder. Ich wollte mal etwas Anderes, etwas Neues ausprobieren und habe sie einfach mit Zitronengras und Curry abgewandelt.“

Hähnchen-Saltimbocca und Nudelsalat mit gebratenem Gemüse

„Der italienische Klassiker wird aus Kalbfleisch zubereitet. Mir gefällt diese Variante mit Geflügel. Abgesehen davon: Ich esse unglaublich gern Hähnchen. Allerdings nur dann, und wirklich nur dann, wenn ich ein ordentliches beim Händler meines Vertrauens bekomme."

HÄHNCHEN-SALTIMBOCCA UND NUDELSALAT MIT GEBRATENEM GEMÜSE

FÜR 4 PERSONEN

NUDELSALAT
300 g Penne Rigate
Salz
je 1 rote und gelbe Paprikaschote
2 Zucchini
1 rote Zwiebel
1 Handvoll Rucola
3 Stängel glatte Petersilie
3 Stängel Basilikum
8 EL Olivenöl
Pfeffer
3 EL heller Balsamicoessig

HÄHNCHEN-SALTIMBOCCA
2 dünne Hähnchenbrustfilets (à ca. 180 g)
Salz, Pfeffer
4 Scheiben Parmaschinken
8 Salbeiblätter
3 EL Olivenöl
100 ml Weißwein
1 EL kalte Butter
etwas Zitronensaft

Ich persönlich finde Penne am besten für einen Nudelsalat, weil sie gut die Sauce aufnehmen und so hübsch aussehen. Es eignen sich aber natürlich auch ganz viele andere Sorten. In jedem Fall – egal, für welche Sorte ich mich entscheide – koche ich die Nudeln in reichlich Salzwasser bissfest. Dann schütte ich sie in ein Sieb, schrecke sie mit kaltem Wasser ab und lasse sie abtropfen.

Während die Nudeln kochen, kann ich mich schon mal der Vorbereitung des Gemüses widmen. Die gewaschene und entkernte Paprika schneide ich in etwa 1 cm dicke Streifen (in etwa in der Länge der Penne). Die geputzte Zucchini halbiere ich und schneide sie in 1 cm dicke Scheiben. Nun ist die Zwiebel dran: schälen, halbieren, in möglichst dünne Scheiben schneiden. Dann noch Rucola und Kräuter waschen und alles trocken schütteln. Die Basilikum- und Petersilienblättchen abzupfen und fein hacken.

Dann in 1 EL Öl die Paprika bissfest braten, mit Salz sowie Pfeffer würzen und herausnehmen. Weitere 1 EL Öl erhitzen, die Zucchinischeiben darin ebenfalls bissfest braten, die Zwiebelscheiben zugeben kurz mit durchschwenken, alles würzen und zu den Paprikastreifen geben.

Für das Dressing das restliche Öl mit dem Essig und den Kräutern vermengen. Kräftig würzen und mit dem Gemüse sowie den Nudeln mischen. Der Salat kann schön durchziehen, während ich die Saltimbocca zubereite.

Dafür zunächst die Hähnchenbrustfilets waschen und trocken tupfen. Dann längs durchschneiden, um vier dünne Scheiben zu erhalten. Falls sie unterschiedlich dick sind, mit einem Fleischklopfer gleichmäßig flach klopfen. Anschließend von beiden Seiten mit Salz und Pfeffer würzen, jedes Filet mit einer Scheibe Parmaschinken sowie jeweils zwei Salbeiblättern belegen und so aufeinander klappen, dass der Schinken innen ist. Das hält auch so, ohne dass ich das Fleisch mit einem Zahnstocher oder einem Rouladenspieß fixieren muss.

Nun erhitze ich das Öl in einer Pfanne und brate die Saltimbocca darin von jeder Seite ca. 4 Minuten. Anschließend nehme ich sie heraus und halte sie warm. Damit ich etwas Sauce bekomme und dabei das wunderbare Aroma nicht verloren geht, gieße ich Weißwein in die Pfanne, löse den Bratansatz und rühre für etwas Bindung die (sehr!) kalte Butter hinein. Jetzt fehlen nur Zitronensaft, Salz und Pfeffer, dann ist die Sauce fertig.

Jetzt zum „Finish“ des Nudelsalats: Rucola unterheben, nochmals abschmecken und zu den Saltimbocca servieren.

Nudelsalat mit gebratenem Gemüse

HÄHNCHENCURRY MIT BASMATIREIS

FÜR 4 PERSONEN

300 g Hähnchenbrustfilet
1 rote Zwiebel
150 g Babymaiskolben
1 Zucchini
60 g Wasserkastanien aus der Dose
100 g Zuckerschoten
1 rote Paprikaschote
1 rote Chilischote
½ Bund Koriander
2 EL Pflanzenöl
Salz, Pfeffer
400 ml Kokosmilch
3 EL Sojasauce
1 EL gelbe Currypaste
1 EL Mangochutney
250 g Basmatireis

Da die Garzeiten in einem Wok sehr kurz sind, ist gute Vorbereitung alles (sollte jemand keinen Wok haben: Eine große Pfanne tut es auch!). Ich stelle alles in kleinen Schüsselchen in der Reihenfolge parat, wie es nacheinander gebraten werden soll. In diesem Fall fange ich also mit dem Fleisch an: waschen, trocken tupfen, in Streifen schneiden. Als Nächstes ist das Gemüse dran: geschälte Zwiebel in feine Scheiben schneiden; Babymais der Länge nach in Hälften schneiden und diese nochmals quer halbieren; Zucchini waschen, putzen, längs halbieren und schräg in Scheiben schneiden; die Wasserkastanien vierteln; gewaschene Zuckerschoten in Rauten schneiden; Paprika waschen, halbieren, entkernen, danach in Würfel schneiden; längs halbierte und entkernte Chili in feine Streifen schneiden. Zum Schluss noch den Koriander waschen, trocken schütteln und mit den feinen Stängeln grob klein schneiden.

Jetzt geht es weiter: Das Öl in einem Wok oder einer Pfanne erhitzen. Zuerst also die Hähnchenbruststreifen darin anbraten, salzen, pfeffern und herausnehmen. Danach Zwiebel, Mais, Zucchini und Wasserkastanien anbraten. Nach etwa 2 Minuten Zuckerschoten und Paprika und Chili zugeben und weitere 2 Minuten braten. Mit Kokosmilch und Sojasauce ablöschen. Nochmals aufkochen lassen, die Hähnchenbruststreifen wieder zugeben, Currypaste und Mangochutney einrühren. Mit Salz und Pfeffer abschmecken. Wer es schärfer mag, kann auch noch mehr von der Currypaste einrühren.

Den Basmatireis wasche ich vor dem Kochen. Dann kommt der Reis in einen Topf, ich fülle die entsprechende Menge an Wasser auf und salze es. Deckel aufsetzen und kurz aufkochen lassen. Nicht umrühren! Ich wollte es auch früher nicht glauben, aber so brennt er nicht an. Dann lasse ich ihn auf der ausgeschalteten Herdplatte so lange stehen, bis die Flüssigkeit komplett aufgenommen ist. Ich setze übrigens den Reis immer vor dem Anbraten des Fleisches auf; er braucht ja ein bisschen und lässt sich gut warm halten. Wenn ich es andersherum mache und darauf warte, bis der Reis fertig ist, kann es unter Umständen passieren, dass das Gemüse nicht mehr so bissfest ist, wie ich es gern mag.

Ist alles soweit fertig und der Basmati gar, richte ich das Hähnchencurry damit auf Tellern an, bestreue alles mit Koriander (für mich reichlich davon!) und serviere es sofort.

„Während meines Studiums in Mainz zu Beginn der 80er-Jahre bekam ich einen Wok geschenkt. Fortan rührte ich, was das Gemüse hergab. Für Fleisch hatte ich zu der Zeit eher wenig übrig. Ich liebe Wok-Gerichte immer noch, auch wenn ich sie nicht mehr so oft mache – sie sind super schnell fertig, ich kann alles unterbringen, was ich noch so im Kühlschrank habe, die Gemüsesorten sind im Prinzip jederzeit austauschbar, Wok funktioniert sogar mit TK-Gemüse, und Huhn passt für mich auch immer. Und was ebenfalls meiner Ansicht nach nicht fehlen darf: reichlich Koriander!

Zitronenhähnchen mit Gemüsewedges

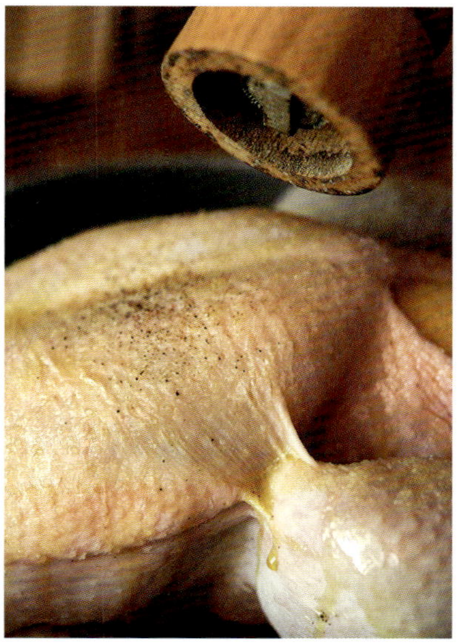

„Entscheidend für dieses Gericht ist die Qualität des Geflügels! Die Zitronen ergeben in Kombination mit dem Hähnchen ein perfektes Aroma. Wenn das Hähnchen im Backofen schmort, duftet es im ganzen Haus so, dass uns allen das Wasser im Mund zusammen läuft …“

ZITRONENHÄHNCHEN MIT GEMÜSEWEDGES

FÜR 4 PERSONEN

ZITRONENHÄHNCHEN
1 großes Hähnchen
Salz, Pfeffer
2 EL Olivenöl
2 unbehandelte Zitronen

WEDGES
500 g festkochende Kartoffeln
500 g gemischtes Wurzelgemüse (Karotten, Pastinaken, Petersilienwurzel)
1 Zweig Rosmarin
4 EL Olivenöl
Salz, Pfeffer

Richtig gutes Geflügel zu bekommen, ist ja gar nicht so einfach, habe ich in der Vergangenheit mehr als einmal festgestellt. Spontan entscheide ich mich daher meistens nicht, dieses Essen auf den Tisch zu bringen, höchstens indem ich vorher bei meinem Händler anrufe und frage, ob er noch ein ordentliches Hähnchen für mich hat; ansonsten bestelle ich es in der Regel vor.

Das Rezept an sich ist super einfach und gelingt prinzipiell immer. Um das Gericht zuzubereiten, heize ich als Erstes den Backofen auf 180 °C Umluft vor. Dann geht es weiter: das Hähnchen innen und außen waschen und zum Abtropfen für mindestens 15 Minuten mit der Öffnung nach unten auf ein Abtropfgitter setzen. Anschließend mit Küchenpapier innen und außen trocken reiben, das Innere kräftig salzen und pfeffern. Von außen mit Olivenöl, Salz und Pfeffer einreiben.

Die Zitronen gut waschen, abtrocknen und mit der flachen Hand etwa eine Minute kräftig auf dem Tisch rollen, bis sie weich sind. Damit der Saft nach und nach aufs Geflügel übergeht, muss ich die Zitronen mit einer Gabel je 20 Mal einstechen (es sollten am Ende 60 kleine Löcher sein – keine Angst, nachzählen müssen Sie nicht!). Dabei sollte möglichst wenig Saft austropfen; ich steche die Zitronen direkt über der Öffnung ein, dann läuft der Saft schön ins Hähnchen. Die Zitronen kommen anschließend im Ganzen in die Bauchhöhle.

Nun lege ich das Hähnchen mit dem Bauch nach unten in einen ungefetteten flachen Bräter und schiebe es (ohne abzudecken) auf die mittlere Einschubleiste in den heißen Ofen. Etwa 30 Minuten muss es jetzt darin braten. Nach dieser Zeit muss auch das Hähnchen gewendet werden, damit sich der Zitronensaft im Inneren gut verteilen kann. Weitere 30 Minuten braten.

Das gibt mir ausreichend Zeit, die Wedges zuzubereiten: dafür erst einmal das Gemüse gründlich waschen und die Schale mit einer Bürste reinigen. Alles in gleichmäßig dicke Spalten schneiden und in eine große Schüssel geben. Vom Rosmarin die Nadeln abstreifen, fein hacken und mit Olivenöl, Salz sowie Pfeffer untermischen. Alles auf einem mit Backpapier ausgelegten Backblech verteilen und nach „45-Minuten-Hähnchen-Bratzeit“ mit in den Backofen geben.

Die Backofentemperatur auf 200 °C erhöhen, das Hähnchen aber nicht mehr wenden. Nach nochmals 25 Minuten (das Geflügel ist dann insgesamt 1 ½ Stunden im Ofen) sollte die Haut schön braun und knusprig gebraten sein; die Wedges sind nach den gemeinsam mit dem Hähnchen im Ofen verbrachten 45 Minuten ebenfalls fertig.

Zum Servieren die Zitronen entsorgen (Achtung: heiß!), das Hähnchen in Stücke zerteilen und mit den Gemüsewedges servieren.

PUTENGESCHNETZELTES MIT MIE-NUDELN

FÜR 4 PERSONEN

300 g Mie-Nudeln
Salz
600 g Putenbrust oder -schnitzel
3 Schalotten
4 cm Ingwer
1 unbehandelte Orange
2 Frühlingszwiebeln
150 g Zuckerschoten
200 g Karotten
1 rote Chilischote
2 EL Rapsöl
2 EL Sesamöl
2 EL Teriyakisauce
200 ml Geflügelbrühe
1 EL Honig
2–3 EL Sake (japanischer Reiswein)
2 EL Sojasauce
Pfeffer

Putenbrust kann ab und an mal etwas trocken sein, selbst wenn die Qualität (diese immer vorausgesetzt!) stimmt. Durch die würzige Sauce ist das bei diesem Geschnetzelten nicht der Fall. Je nachdem, wie gern man scharf isst und wer später mit am Tisch sitzt, darf auch noch eine Chilischote mehr ans Essen. Die asiatischen Mie-Nudeln dazu bestehen aus Weizenmehl, Salz und Wasser, garen sehr schnell und sind (wie alle Nudeln) äußerst vielseitig. Sie lassen sich fix nach Packungsangabe in Salzwasser kochen, das geht quasi nebenbei, während das Geschnetzelte im Wok gart.

Das Fleisch also zunächst waschen, trocken tupfen und in 1 cm dicke Streifen schneiden. Die Schalotten und den Ingwer schälen, alles fein würfeln. Da sowohl Abrieb als auch Saft benötigt werden, die Orange heiß abwaschen, gut abtrocknen, 1 EL Schale fein abreiben oder Zesten abziehen und den Saft auspressen. Nun noch die geputzten und gewaschenen Frühlingszwiebeln in dünne Ringe schneiden und die Zuckerschoten diagonal halbieren. Die geschälten Karotten werden in etwa 5 cm lange Streifen geschnitten und die entkernte Chilischote in dünne Streifen.

Nach dieser Vorbereitung geht der Rest sehr schnell: in einem Wok (oder großen Pfanne) das Rapsöl stark erhitzen und die Putenbruststreifen etwa 3 bis 5 Minuten unter Rühren darin anbraten. Schalotten und Ingwer zufügen und weitere 2 Minuten braten. Sesamöl zugeben, Zuckerschoten und Karottenstreifen unterrühren und weitere 4 Minuten braten. Teriyakisauce, Orangenschale, -saft, Geflügelbrühe, Honig, Sake, Sojasauce und Chilischote unterrühren und alles bei mittlerer Hitze unter Rühren fertig garen. Mit Sojasauce und Pfeffer abschmecken, mit den Frühlingszwiebelringen bestreuen und zusammen mit den Mie-Nudeln servieren.

„Ich habe es schon mehrfach erwähnt: Wenn ein Gericht scharf gewürzt ist, am liebsten in Kombination mit etwas Fruchtigem, liebe ich das Essen noch mehr. Die Mie-Nudeln geben dem Ganzen etwas Asiatisches. Das Geschnetzelte lässt sich super vorbereiten."

Entenkeule mit Pflaumensauce und Kartoffelsoufflé

„Ente und fruchtige Sauce erinnern an Asien, passen aber ganz hervorragend zum deutschen Kartoffelpüree, das in dieser gebackenen Form als luftiges Soufflé ein bisschen französisch daher kommt – also ‚crossover cuisine' in ihrer besten Form!"

ENTENKEULE MIT PFLAUMENSAUCE UND KARTOFFELSOUFFLÉ

FÜR 4 PERSONEN

ENTENKEULEN
4 Entenkeulen
Salz
4 EL Olivenöl
Pfeffer

PFLAUMENSAUCE
1 EL Zucker
200 ml Rotwein
200 ml Portwein
100 ml Balsamicoessig
2 EL Honig
½ Zimtstange
1 cm geschälter Ingwer
1 Sternanis
Salz, Pfeffer
250 g Pflaumen (aus dem Glas)
200 ml Orangensaft

KARTOFFELSOUFFLÉ
800 g mehligkochende Kartoffeln
Salz
200 ml Milch
60 g Butter
80 g Crème fraîche
Cayennepfeffer
Muskatnuss
Butter zum Einfetten
Weizenmehl zum Bestäuben
3 Eiweiß
Trüffelöl oder Trüffelbutter

Ente und /oder Entenkeulen sind nicht immer und überall vorrätig. Ich bestelle sie vor, wenn ich die Idee habe, sie Freunden (oder Familie) zu servieren. Sie werden übrigens krosser, wenn sie vor dem Braten gekocht werden. Also muss ich sie erst waschen, dann in einem Topf mit Wasser bedeckt (wichtig: Salz hinzufügen!) aufkochen und mit Deckel 30 Minuten weiterköcheln lassen.

Währenddessen kann ich mich in Ruhe um die Sauce kümmern: Dazu karamellisiere ich den Zucker in einem Topf, gebe Rotwein, Portwein und Balsamico, Honig sowie die Gewürze dazu und lasse alles einmal kurz aufkochen. Die Hitze kann ich anschließend reduzieren, dann kommen die Pflaumen in den Sud, der 5 Minuten „leise" köcheln muss. Danach die Herdplatte komplett ausschalten und alles weitere 30 Minuten ziehen lassen.

In der Zwischenzeit kann ich die geschälten Kartoffeln schon mal in Salzwasser kochen. Wenn sie gar sind, abgießen, die Milch erwärmen und die Kartoffeln durch eine Presse drücken. Die kalte Butter, Crème fraîche und die lauwarme Milch zu der Kartoffelmasse geben und verrühren. Mit Salz, Cayennepfeffer und frisch geriebener Muskatnuss abschmecken. 8 Souffléförmchen oder eine Auflaufform mit Butter einfetten und mit Mehl bestäuben. Überschüssiges Mehl abklopfen. Das Eiweiß mit einer Prise Salz steif schlagen. Erst ein Drittel Eiweiß unter die kalte Kartoffelmasse heben, dann langsam den Rest. Die Förmchen zu zwei Dritteln mit der Kartoffelmasse füllen, auf ein mit heißem Wasser gefülltes tiefes Blech stellen und im vorgeheizten Backofen (180 °C Umluft) etwa 35 Minuten backen.

Nun dürften die Entenkeulen so weit sein, dass sie aus dem Wasser genommen werden können. Abtropfen lassen und auf ein mit Backpapier ausgelegtes Backblech legen, mit Olivenöl beträufeln und mit Salz sowie Pfeffer würzen. Im Backofen – zusammen mit dem Kartoffelsoufflé – etwa 25 Minuten braten. (Sollte die Haut zwischenzeitlich zu dunkel werden, die Temperatur auf 160 °C reduzieren.)

Kurz vorm Anrichten die Sauce pürieren, durch ein Sieb streichen, wieder erhitzen, mit Orangensaft auf die gewünschte Konsistenz bringen und zum Schluss nochmals abschmecken. Zum Servieren träufele ich noch etwas Trüffelöl auf die Soufflés oder gebe eine Trüffelbutterflocke darauf und reiche diese zu den Entenkeulen mit der Pflaumensauce.

WOKGEMÜSE MIT GEBRATENER ENTE

FÜR 4 PERSONEN

WOKGEMÜSE
200 g Karotten
1 Brokkoli (ca. 500 g)
2 Zucchini (ca. 400 g)
200 g Zuckerschoten
3 Frühlingszwiebeln
1 Knoblauchzehe
5 Stängel Minze
2 EL Pflanzenöl
2 EL Sesamöl
2 EL Sojasauce
1 EL Ahornsirup

ENTE
4 Barbarie Entenbrüste (à ca. 160 g)
Salz, Pfeffer

Wie beim Hähnchencurry ist auch hier die Vorbereitung alles: deshalb sämtliches Gemüse gründlich waschen und gut abtropfen lassen; die geputzten Karotten schälen und in dünne Scheiben schneiden; die Brokkoliröschen abschneiden und in mundgerechte Stücke zerteilen; die geputzten Zucchini der Länge nach halbieren und schräg in Scheiben schneiden; die Zuckerschoten schräg halbieren. Nun noch die Frühlingszwiebeln putzen, waschen und grob in Ringe sowie den geschälten Knoblauch in dünne Scheiben schneiden. Zum Schluss die Minze waschen, trocken schütteln und die Blätter fein hacken.

Damit es nachher etwas schneller geht, wasche ich schon mal die Entenbrustfilets und tupfe sie trocken. Die Haut schneide ich kreuzweise ein, damit sich das Fleisch nicht zusammenzieht.

Das Pflanzenöl in einem Wok oder einer Pfanne erhitzen und das Gemüse darin insgesamt 10 Minuten braten: zuerst die Karotten und den Brokkoli, dann das restliche Gemüse und zum Schluss den Knoblauch und die Minze unterheben. Alles mit Sesamöl beträufeln und mit Sojasauce und Ahornsirup würzen.

Während das Gemüse unter Schwenken und Wenden brät, heize ich schon mal eine Pfanne vor. Ist sie heiß genug, kommt die vorbereitete Entenbrust ohne zusätzliches Fett mit der Hautseite nach unten für ca. 5 Minuten in die heiße Pfanne. Anschließend wenden und auf der Fleischseite weitere 3 bis 4 Minuten braten. Das Fleisch aus der Pfanne nehmen und im vorgeheizten Backofen bei 120 °C Umluft etwa 5 Minuten ruhen lassen, dann rzieht die Ente noch kurz nach, aber die Haut bleibt schön kross.

Ist alles fertig, nur noch die Entenbrust in Scheiben schneiden, mit Salz und Pfeffer bestreuen und mit dem Wokgemüse anrichten.

„In jüngeren Jahren war ein Wok unverzichtbarer Bestandteil meiner seinerzeit sehr übersichtlichen Küchenausstattung. Heute kommt mein Wok deutlich seltener zum Einsatz, aber bei der gebratenen Entenbrust ist kurz gegartes Gemüse einfach das Einzige, was meinem Geschmack nach wirklich passt. Wichtig ist für mich, dass das Fleisch langsam auf der Hautseite ausbrät, damit der ‚Schwabbel' beseitigt wird. Erst dann brate ich die Entenbrust kurz auf der Fleischseite und lasse sie im Backofen kurz nachgaren. So bleibt sie schön saftig."

SCHWEINEFILET IM SPECKMANTEL MIT SOMMERLICHEM KARTOFFELSALAT

FÜR 4 PERSONEN

KARTOFFELSALAT

800 g festkochende Kartoffeln
Salz
1 Salatgurke
1 Zucchini
4 Schalotten
2 Knoblauchzehen
20 entsteinte grüne Oliven
80 g Rucola
½ Bund Basilikum
250 ml Gemüsebrühe
6 EL Zitronensaft
100 ml Olivenöl
1 EL Dijonsenf
Pfeffer

SCHWEINEFILET IM SPECKMANTEL

1 Schweinefilet
4 Zweige Thymian
3 Stängel Majoran
100 g Baconscheiben
2 EL Dijonsenf
Salz, Pfeffer
edelsüßes Paprikapulver

Damit ein Kartoffelsalat richtig gut schmeckt, muss er gut durchziehen. Das gilt gleichermaßen für die klassische Variante wie für diese mediterrane in meinem Rezept. Man kann ihn sogar über Nacht im Kühlschrank stehen lassen; dann allerdings den Rucola und das Basilikum erst am nächsten Tag unterheben, beides sieht sonst nicht mehr schön aus.

Also: die Kartoffeln waschen und in der Schale in ausreichend Salzwasser kochen. Dann abgießen, etwas ausdampfen lassen, noch heiß pellen und in Scheiben schneiden. Diese können dann vollständig auskühlen, während ich schon mal die Salatgurke schäle, längs halbiere, entkerne und in kleine Würfel schneide. Nun die Zucchini putzen, waschen und in dünne Scheiben schneiden sowie die Schalotten und den Knoblauch schälen. Die Schalotten schneide ich in feine Ringe, der Knoblauch wird fein gehackt, und die Oliven schneide ich klein. Der gewaschene Rucola muss gut getrocknet und gegebenenfalls etwas kleiner geschnitten werden. Basilikum wasche und schüttele ich trocken, zupfe die Blättchen ab und hacke sie nicht allzu fein.

Für das Dressing zum Kartoffelsalat verrühre ich die Brühe mit Zitronensaft, Olivenöl sowie Senf und würze kräftig mit Salz und Pfeffer. Die vorbereiteten Zutaten vermische ich in einer großen Schüssel miteinander, hebe das Dressing unter, schmecke nochmals mit Salz und Pfeffer ab und lasse alles gut durchziehen. Mindestens so lange, wie das Schweinefilet benötigt, oder aber länger.

Jetzt heize ich den Backofen auf 120 °C Umluft vor, und dann ist das Filet dran, das ich erst einmal kurz abspüle und trocken tupfe. Die Kräuter wasche ich kurz und schüttele sie gut trocken. Die Blättchen werden abgezupft und fein gehackt. Und nun geht es los: einen großzügigen Bogen Frischhaltefolie auf die Arbeitsfläche oder ein Brett legen, darauf die Baconscheiben nebeneinander verteilen, diese mit Senf bestreichen und mit den Kräutern bestreuen. Das Schweinefilet mit Salz, Pfeffer und Paprika würzen, auf das untere Ende der Baconscheiben legen und mithilfe der Folie so aufrollen, dass das Schweinefilet vollständig vom Speck ummantelt ist. Dann natürlich die Folie entfernen.

In einer großen Pfanne oder auf dem Grill das Schweinefilet von allen Seiten ca. 5 Minuten schön kross anbraten (der Speck darf auf keinen Fall labberig sein!) und im Backofen noch mal 15 Minuten weitergaren lassen. Auf dem Grill das Schweinefilet an der Seite garen, wo es nur noch indirekt Hitze abbekommt und so langsam durchgaren kann. Sollte der Bacon zwischenzeitlich zu weich werden, gebe ich das Filet im Speckmantel zum Krosswerden nochmals kurz in einer Pfanne auf den Herd.

Zum Servieren schneide ich das Fleisch in Scheiben und richte es mit dem Kartoffelsalat an.

„Bei Schwein gilt für mich genau das Gleiche wie beim Geflügel. Wenn ich nicht weiß, woher es stammt, kaufe ich es nicht. Abgesehen davon merkt man die Herkunft auch am Geschmack. Um sicher zu sein, bestelle ich das Filet bei meinem Koblenzer Metzger Uwe Schmidt vor. Der Speck muss selbstverständlich dünn geschnitten sein, damit er beim Braten schön kross wird. Gleichzeitig sorgt er auch dafür, dass salzige Aromen und Fett aufs Fleisch übertragen werden und das Filet saftig bleibt. Kartoffelsalat ist auch so eine Beilage, die meine Mutter gern zubereitet hat (oft zu Würstchen). Sommerlich mediterran und etwas leichter mutet er durch Zucchini, Rucola sowie Oliven und Schalotten an."

Wiener Schnitzel

„Und noch ein heimischer Klassiker ... Zum Braten nehme ich unbedingt Butterschmalz, weil dies hitzebeständig ist. Es muss richtig heiß sein, damit die Schnitzel schön kross werden. Mittlerweile kann ich die Temperatur zwar einschätzen, um sicherzugehen, halte ich jedoch ein Holzstäbchen ins Fett. Bilden sich daran kleine Bläschen, ist das Fett heiß genug. Habe ich viele hungrige Menschen am Tisch sitzen, arbeite ich mit zwei Pfannen. Denn nach jedem zweiten Bratgang muss ich das Butterschmalz erneuern, da Brösel von der Panade im Fett verbrennen."

WIENER SCHNITZEL

FÜR 4 PERSONEN

KARTOFFELPÜREE
1 kg mehligkochende Kartoffeln
Salz
200 ml Milch
30 g Butter
Pfeffer
Muskatnuss

ERBSENGEMÜSE
100 ml Gemüsebrühe
1 EL Butter
400 g tiefgefrorene Erbsen
Salz
Muskatnuss

WIENER SCHNITZEL
4 Kalbsschnitzel (à ca. 150 g)
Salz, Pfeffer
Weizenmehl zum Wenden
2 EL Sahne
2 Eier
Semmelbrösel zum Wenden
Butterschmalz zum Braten

Timing ist ja beim Kochen bekanntlich alles. Deshalb bin ich so strukturiert, dass ich erst einmal alles soweit vorbereite, damit es nur noch weniger Handgriffe bedarf, wenn es dann losgeht mit der tatsächlichen Kocherei. In diesem Fall schäle ich deshalb erst einmal die Kartoffeln, schneide sie in Würfel und gebe sie in einen Topf mit Wasser sowie etwas Salz.

Dann kümmere ich mich um die Schnitzel: also waschen, trocken tupfen, zwischen einen aufgeschnittenen Gefrierbeutel legen und mit einem Fleischklopfer oder dem Boden einer Bratpfanne flachklopfen. Von beiden Seiten salzen und pfeffern. Für die Panade bereite ich drei Teller vor. Auf den ersten kommt das Mehl, auf den zweiten kommen die mit der Sahne verquirlten Eier, auf den dritten die Semmelbrösel.

Die Kartoffeln setze ich dann auf und koche sie, je nach Größe der Würfel, in etwa 20 bis 25 Minuten weich. Währenddessen koche ich für die Erbsen die Gemüsebrühe mit Butter in einem Topf auf. Dann kommen die tiefgefrorenen Erbsen hinein, die etwa 15 Minuten köcheln müssen, bis sie weich sind. Anschließend noch mit Salz und natürlich frisch geriebener Muskatnuss abschmecken und bis zum Servieren warm halten.

Nun zurück zum Fleisch: Die Kalbsschnitzel erst in Mehl wenden, überschüssiges Mehl etwas abklopfen, dann durch die Eiersahne ziehen und in den Semmelbröseln wenden.
Ausreichend Butterschmalz in einer Pfanne erhitzen. Erst wenn das Schmalz richtig heiß ist, ein oder zwei Schnitzel hineinlegen und bei mittlerer Temperatur von jeder Seite ca. 3 bis 4 Minuten goldgelb braten. Ganz wichtig: Nicht am Fett sparen und das Fleisch schwimmend ausbacken! Zum Schluss auf Küchenpapier abtropfen lassen. Da die Schnitzel am besten nach und nach gebraten werden, gebe ich sie bei 100 °C Umluft zum Warmhalten in den Backofen. So habe ich auch genug Zeit, um das Püree fertigzustellen: die Milch mit der Butter erwärmen und kräftig salzen, pfeffern sowie mit frisch geriebener Muskatnuss würzen. Anschließend das Kochwasser abschütten und die Kartoffeln gut abdampfen lassen, mit einem Kartoffelstampfer zerdrücken oder durch eine Kartoffelpresse drücken. Die warme Milch zugießen, alles vermischen, wenn nötig noch etwas Milch hinzugeben und nochmals mit Salz, Pfeffer und Muskat abschmecken.

Übrigens: In der Saison gibt es bei uns zu Hause Schnitzelchen immer zu Spargel (siehe Seite 83) und Kartoffeln.

KALBSGESCHNETZELTES MIT KARTOFFEL-KAROTTEN-RÖSTI

FÜR 4 PERSONEN

KALBSGESCHNETZELTES
500 g Kalbsschnitzel
300 g Champignons
3 Schalotten
2 EL Pflanzenöl
Salz, Pfeffer
125 ml trockener Weißwein
300 ml Kalbsfond
250 ml Sahne zum Kochen
5 Stängel glatte Petersilie

RÖSTI
400 g mehligkochende Kartoffeln
200 g Karotten
Salz, Pfeffer
25 g Speisestärke
3 EL Pflanzenöl

Zunächst bereite ich die Zutaten für das Geschnetzelte vor. Dazu das Fleisch waschen, trocken tupfen und in Streifen schneiden. Die Pilze mit einem Küchenpapier säubern und in Scheiben schneiden, die Schalotten schälen und fein würfeln. Dann ist das „Mis en place" für das Geschnetzelte schon mal fertig.

Weiter geht's mit der Röstimasse. Das ist so eine der Gelegenheiten, bei denen ich wirklich sehr froh bin, eine Küchenmaschine zu haben, die das Geraspel der Kartoffeln und Karotten übernimmt. Ich brauche dann die einen wie die anderen nur noch zu schälen und meinem elektrischen Küchenhelfer zu übergeben. Der erledigt den Rest in Nullkommanix und raspelt sowieso viel feiner, als ich das mit der Hand könnte. Da ohnehin beides miteinander vermischt wird, dürfen sowohl die geriebenen Kartoffeln als auch die Karotten in ein und derselben Schüssel landen. Wichtig ist anschließend: Raspel gut ausdrücken! Dann kommen sie wieder in die Schüssel, werden gesalzen und gepfeffert sowie mit der Speisestärke vermischt. Dann lasse ich die Masse etwas quellen und bereite parallel das Geschnetzelte zu.

Eine Pfanne erhitzen, das Öl und die Butter zugeben und die Kalbfleischstreifen darin unter hoher Temperatur und mehrmaligem Wenden scharf anbraten – das dauert etwa 4 bis 5 Minuten. Mit Salz und Pfeffer würzen, aus der Pfanne nehmen und warm stellen. Im verbliebenen Fett die Schalottenwürfel glasig dünsten, dann die Champignonscheiben zugeben und braten. Ebenfalls salzen, pfeffern, herausnehmen und beiseitestellen.

Jetzt geht es an die Sauce: dafür den Bratensatz in der Pfanne mit Wein und Kalbsfond lösen und etwas einkochen lassen, die Sahne zugießen und weiterkochen, bis die Sauce bindet.

Dann geht es weiter: aus der Röstimasse 8 gleich große Taler formen, eine beschichtete Pfanne mit dem Öl erhitzen und die Rösti nacheinander portionsweise ausbraten. Auf Küchenpapier abtropfen lassen und im vorgeheizten Backofen (100 °C Umluft) warm halten, bis das Geschnetzelte fertig ist. Möglichst nebeneinander auf ein Blech legen, damit die Rösti nicht so matschig werden.

Ist die Sauce so weit eingekocht, wie ich es mag, gebe ich Champignons und Kalbfleischstreifen wieder zum Erhitzen in die Sauce und schmecke nochmals ab. Petersilie waschen, trocken schütteln, Blätter abzupfen und fein hacken. Über das Geschnetzelte streuen und mit den Rösti anrichten.

„Das ist einer meiner absoluten Favoriten und so dermaßen ‚Zürich'! Allerdings etwas anders durch die Karotten in den Rösti. Ich esse wahnsinnig gern Sauce (nicht nur im Salat), deshalb mache ich immer reichlich zum Geschnetzelten, allerdings ein bisschen leichter und vor allem ohne Speisestärke."

WÜRSTCHEN MIT LINSEN-MANGO-SALAT

FÜR 4 PERSONEN

LINSEN-MANGO-SALAT
(Standzeit etwa 1 Stunde)
300 g rote Linsen
1 Mango
1 rote Paprikaschote
3 Frühlingszwiebeln

VINAIGRETTE
3 EL Limettensaft
4 EL Olivenöl
1 TL flüssiger Honig
4 EL Sojasauce
Salz, Pfeffer
Gemüsebrühe, nach Bedarf

WÜRSTCHEN
4 Kalbsbratwürste oder
8 Merguez (scharfe Lammbratwürste)
2 EL Pflanzenöl

Linsen können gelegentlich etwas trocken daherkommen. Sollte die Vinaigrette zu sehr aufgesogen werden, einfach noch ein bisschen Gemüsebrühe zugeben. Aber zunächst muss ich die roten Linsen bissfest kochen – das geht geradezu erschreckend schnell in wenigen Minuten. Also lieber dabei stehen bleiben und im Blick behalten, wenn die kleinen Dinger im Topf sind. Sie schmecken auch, wenn sie verkochter sind, sehen aber einfach nicht mehr so schön aus, besonders im Salat. Anschließend in kaltem Wasser abschrecken und in einem Sieb abtropfen lassen. Erst wenn die Linsen „abgearbeitet" sind, wende ich mich dem Rest zu: also das Fruchtfleisch vom Kern der Mango schneiden, schälen und würfeln. Dann die Paprika waschen, halbieren, Kerne und weiße Innenhäute entfernen und in kleine Würfel schneiden. Und selbstverständlich die geputzten Frühlingszwiebeln waschen, trocken schütteln und in Ringe schneiden. Alle vorbereiteten Zutaten in eine Schüssel geben und vermischen.

Dann fehlt nur noch die Vinaigrette, für die ich Limettensaft, Olivenöl, Honig und Sojasauce verrühre und mit Salz und Pfeffer abschmecke. Diese kommt dann unter die Salatzutaten. Anschließend abdecken und ab in den Kühlschrank. Dort darf der Salat gut und gerne etwa 1 Stunde (oder auch länger) ziehen. Vor dem Servieren nochmals abschmecken, ob Salz und Pfeffer fehlen. Ist der Salat zu trocken, noch etwas Gemüsebrühe zufügen.

Die Würstchen kommen bei uns meist auf den Grill (das gibt so ein schönes Muster), aber man kann sie natürlich auch in einer Pfanne in etwas Öl von beiden Seiten braun braten.

„Wie alles, was mit Fleisch oder Geflügel zu tun hat, gibt es bei uns nur dann Kalbsbratwurst, wenn sie von unserem Metzger hier in Koblenz stammt. Hat er keine, muss ich von meinem Linsensalat (er sei der allerbeste überhaupt, sagt eine langjährige Freundin) eine größere Portion machen, damit wir satt werden. Oder mir eine andere ‚Beilage' dazu überlegen. Bratwurst ist ja eigentlich auch so etwas typisch Deutsches, genau wie Linsen als Salat. Mango und Paprika sind dagegen durchaus exotisch, passen aber wirklich super!

ENTRECÔTES MIT POMMES FRITES UND SAUCE BÉARNAISE

POMMES FRITES AUS DEM OFEN
800 g festkochende Kartoffeln
3 EL Olivenöl
Rosmarinsalz

ENTRECÔTES
4 Entrecôtes (à ca. 250 g)
Salz, Pfeffer
2 Knoblauchzehen
2 Zweige Rosmarin
2 EL Olivenöl

SAUCE BÉARNAISE
200 g geklärte Butter oder Butterschmalz
2 Schalotten
5 Stängel Estragon
1 EL Butter
50 ml Weißweinessig
50 ml Weißwein
10 weiße Pfefferkörner
3 Eigelb
Salz
Cayennepfeffer
Zitronensaft

Das Fleisch schmeckt am besten, wenn es nicht direkt vom Kühlschrank in die Pfanne oder auf den Grill kommt. Deshalb nehme ich die Steaks etwa 30 Minuten vorher aus dem Kühlschrank.

Den Backofen auf 200 °C Ober- und Unterhitze vorheizen. In der Zwischenzeit die Kartoffeln schälen, waschen und in gleichmäßige Balken schneiden. Dann mit dem Öl und Rosmarinsalz vermischen und auf ein mit Backpapier ausgelegtes Backblech legen. Im Backofen ca. 30 Minuten knusprig backen. Dabei zweimal wenden, damit die Fritten gleichmäßig bräunen. Nach Ende der Backzeit die Backofentemperatur auf 100 °C reduzieren. Dann können die Steaks kurz mit im Ofen gar ziehen.

In der Zwischenzeit kann ich mich dann bereits um die Entrecôtes kümmern. Kurz vor dem Braten die Steaks mit Salz und Pfeffer würzen. Den Knoblauch schälen und andrücken. Den Rosmarin waschen und trocken schütteln. In einer großen Pfanne Öl, Knoblauch und Rosmarin erhitzen und die Steaks von jeder Seite ca. 4 Minuten schön kross anbraten, danach im Backofen weiter garen, bis die gewünschte Kerntemperatur – rare 51 °C, medium 55 °C, well done 60 °C und mehr – erreicht ist (an dieser Stelle nochmals einen herzlichen Dank an den Erfinder des Fleischthermometers!).

Während die Steaks gar ziehen, bereite ich die Sauce béarnaise zu. Die geklärte Butter etwas abkühlen lassen oder das Butterschmalz in einem Topf zerlassen. Nun die Schalotten schälen und in feine Würfel schneiden, den Estragon waschen, trocken schütteln, die Blättchen von den Stängeln zupfen und fein hacken. In einem weiteren Topf die Butter zerlassen, die Schalottenwürfel darin glasig dünsten und mit Essig und Wein ablöschen. Einmal aufkochen lassen, die grob zerstoßenen Pfefferkörner unterrühren, in eine Metallschüssel umfüllen und etwas abkühlen lassen.

In einem Topf, der so groß ist, dass die Metallschüssel darauf passt, Wasser heiß werden – nicht kochen! – lassen und die Schüssel über das Wasserbad stellen. Ganz wichtig: Der Boden der Schüssel darf das Wasser nicht berühren! Eigelbe zur Sauce geben und alles mit dem Schneebesen zu einer cremigen Masse aufschlagen. Wenn das der Fall ist, die geklärte, flüssige Butter ganz langsam unter ständigem Rühren einlaufen lassen. Estragon zugeben und die Sauce béarnaise mit Salz, Pfeffer und Zitronensaft abschmecken.

„Das ist für mich ein Hauch von Paris … Für die Zubereitung der Sauce benötigt man genügend Ausdauer beim Aufschlagen und etwas Geduld. Es lohnt sich unbedingt! Wer einmal eine Béarnaise von Hand aufgeschlagen hat, wird sich nie mehr mit der ‚Instant-Version‘ zufriedengeben.“

„Über Gewürze und deren Qualität habe ich mir früher überhaupt keine Gedanken gemacht, das gebe ich ganz ehrlich zu. Das hat sich komplett geändert, seit ich bei der Koblenzer Gewürzmanufaktur ‚Pfeffersack & Soehne' alles kaufe, was Geschmack ans Essen gibt (ohne Pestizide, Rieselhilfen, Sporen, Schwermetalle ...)."

RINDERMEDAILLONS MIT GEWÜRZKAROTTEN

FÜR 4 PERSONEN

GEWÜRZKAROTTEN

½ Bund Karotten mit Grün
½ TL Fenchelsamen
½ TL Kreuzkümmelsamen
½ TL Korianderkörner
½ TL Bockshornkleesamen
½ TL Rauchsalz
½ TL Rohrzucker
2 EL Olivenöl

RINDERMEDAILLONS

4 Rindermedaillons (à ca. 150 g)
Salz, Pfeffer
1 Zweig Rosmarin
2 Zweige Thymian
2 Knoblauchzehen
2 EL Pflanzenöl zum Braten

Karotten sind so etwas wie mein „all time favourite“. Ich kann sie wirklich in jeder Form essen. Sehr besonders sind sie mit den Gewürzen – das Rezept habe ich vor Jahren in Marokko entdeckt ... Um sie zuzubereiten, muss ich den Backofen auf 160 °C Umluft vorheizen, der sorgt für die Garzeit, was ganz nebenbei sehr praktisch ist, weil ich mich dann in Ruhe den Rindermedaillons widmen kann.

Weil es schöner aussieht, lasse ich 3 cm vom Grün an den Karotten stehen, mitgegessen wird das später natürlich nicht, aber das Auge hat dann auch etwas ... Nun die Karotten waschen und gründlich bürsten (nicht schälen!). Für ein intensiveres Aroma röste ich die Gewürze ohne Zugabe von Fett kurz in einer Pfanne, bis sie anfangen zu duften. Dann gebe ich sie zusammen mit dem Rauchsalz sowie dem Rohrzucker in den Möser und zerreibe sie grob. Die Karotten in einer Schüssel mit der Gewürzmischung und dem Olivenöl gut vermengen. Anschließend auf ein mit Backpapier ausgelegtes Backblech legen und im Backofen ca. 25 Minuten backen. Nach Ende der Garzeit die Temperatur auf 120 °C reduzieren, damit das Fleisch noch mit im Backofen garziehen kann und die Karotten nur noch ganz leicht garen bzw. warm gehalten werden.

Die Rindermedaillons waschen und trocken tupfen. Mit Salz und Pfeffer gut würzen. (Wer möchte, kann das Rinderfilet mit einer Küchenschnur noch umwickeln und in Form bringen.) Die Kräuter waschen und trocken schütteln. Knoblauch schälen und längs halbieren.

In einer Pfanne im heißen Öl, mit Rosmarin, Thymian und Knoblauch das Fleisch schön kross von beiden Seiten jeweils ca. 2 Minuten braten. Anschließend zu den Gewürzkarotten in den Backofen schieben und bei 120 °C nur noch ca. 15 Minuten weitergaren, dann sind sie im Kern noch rosa.

LAMMLACHSE MIT ROTWEINFEIGEN UND SÜSSKARTOFFELPÜREE

FÜR 4 PERSONEN

ROTWEINFEIGEN
8 Feigen
1 EL Zucker
200 ml Rotwein
200 ml Portwein
100 ml Balsamicoessig
2 EL Honig
½ Zimtstange
1 cm Ingwer
1 Sternanis
Pfeffer

SÜSSKARTOFFELPÜREE
800 g Süßkartoffeln
200 ml Gemüsebrühe
Salz
Fünf-Gewürz-Pulver
Zitronensaft

LAMMLACHSE
4 gleich große Lammlachse (alternativ 8 Lammfilets)
Salz, Pfeffer
2 Zweige Rosmarin
4 Zweige Thymian
2 Knoblauchzehen
2 EL Sonnenblumenöl

Dieses Rezept mit Lamm und Süßkartoffelpüree, das geschmacklich sehr gut zu diesem Fleisch passt, ist perfekt für Gäste. Am Vortag kann ich sogar schon die Rotweinfeigen zubereiten: Die frischen Feigen wasche ich vorsichtig und trockne sie behutsam ab. Damit sie später stabil stehen und auch etwas mehr Flüssigkeit ins Innere dringt, schneide ich jeweils unten die Rundung etwas ab. Zunächst lasse ich dann bei geringer Temperatur den Zucker in einem Topf schmelzen, gieße Rotwein, Portwein und Balsamico hinzu und rühre die Gewürze unter. Einmal kurz aufkochen und anschließend die Hitze reduzieren. Die Feigen zugeben und etwa 5 Minuten ganz sanft köcheln. Den Herd komplett ausschalten, den Deckel auf den Topf setzen und die Früchte etwa 30 Minuten ziehen lassen. Ab und zu wenden, damit sie schön mit dem Sud getränkt sind. Zum Anrichten in dem Sud etwas erwärmen.

Um das Süßkartoffelpüree zuzubereiten, heize ich als Erstes den Backofen auf 180 °C Umluft vor und belege ein Backblech mit Backpapier. Dann müssen die geschälten Süßkartoffeln in etwa 2 cm große Würfel geschnitten werden. Diese kommen dann auf ein Backblech und etwa 30 Minuten in den Ofen, also so lange, bis sie weich sind.

Das gibt mir Zeit für das Lamm: waschen, trocken tupfen und rundum mit Salz sowie Pfeffer würzen. Nun noch die Kräuter waschen und trocken schütteln und die geschälten Knoblauchzehen andrücken.
Nach dieser Vorbereitung erhitze ich eine Pfanne und gebe das Öl mit den Kräutern sowie den Knoblauchzehen hinein. Dann lege ich die Lammlachse dazu und brate diese von beiden Seiten ca. 4 Minuten scharf an.

Sind die Süßkartoffelwürfel zwischenzeitlich weich gegart, kann ich sie herausnehmen und die Backofentemperatur auf 120 °C reduzieren. Das ist die ideale Temperatur, um die Lammlachse nach dem Anbraten noch etwa 5 bis 10 Minuten nachziehen zu lassen.

Für die Fertigstellung des Pürees erhitze ich die Gemüsebrühe in einem ausreichend großen Topf, gebe die Süßkartoffeln dazu und püriere sie anschließend mit dem Stabmixer. (Das geht – im Gegensatz zu „richtigen“ Kartoffeln, die bei dieser Art des Pürierens „kleisterig“ werden.) Manchmal ist die Konsistenz des Pürees noch zu fest, dann muss etwas mehr Brühe hinzu (und natürlich nochmals mixen). Anschließend mit einer Prise Salz, etwa 1 TL Fünf-Gewürz-Pulver und einem Schuss Zitronensaft abschmecken.

Die Lammlachse mit dem Püree auf Tellern anrichten und die Rotweinfeigen mit etwas Sud dazu servieren.

„Das Beste für Gäste! 2007 gewann ich mit einer ähnlichen Variante das Promi-Dinner, was vielleicht auch aussagt, wie gut dieses Gericht schmeckt. Was ich heute hier verraten kann: Es ist deutlich weniger Aufwand, als allgemein vermutet wird, weil es sich so gut vorbereiten lässt. Ein entspannteres Essen kenne ich kaum, wenn Freunde zu Besuch kommen …“

„Nordafrika durch und durch. Allerdings habe ich dieses Ragout in Marokko damals nicht mit Kichererbsen gegessen. Ich finde aber, dass sie ausgesprochen gut zum Lamm passen. Wer sich an den speziellen Fleischgeschmack nicht gewöhnen mag, kann alternativ Hähnchen oder Pute nehmen, das schmeckt genauso gut. Durch die Sauce bleibt auch das Geflügel schön saftig. Beim Würzen mit Kurkuma, das für die tolle Farbe im Reis sorgt, verhält es sich ähnlich wie beim Salbei: ein Zuviel verdirbt das schönste Essen!“

MAROKKANISCHER LAMMTOPF MIT KURKUMA-REIS

FÜR 4 PERSONEN

LAMMTOPF
1,5 kg Lammschulter oder Lammkeule
1 Zwiebel
2 Knoblauchzehen
12 getrocknete Datteln
10 getrocknete Feigen
½ TL Cayennepfeffer
2 TL Ingwerpulver
2 TL Korianderpulver
2 TL Anispulver
1 TL Pfeffer
½ TL Salz
1 EL Weizenmehl
4–5 EL Olivenöl
500 ml Rinderbrühe
250 ml Rotwein
1 Zimtstange
1 Dose (425 g) Kichererbsen
½ Bund Koriander

KURKUMA-REIS
250 g Langkornreis
1 TL Kurkumapulver
Salz

Das Fleisch sollte wirklich sehr gut von Häuten und (vor allem) Fett befreit sein. Mein Metzger pariert Lamm für mich sehr viel professioneller und rascher, als ich dazu in der Lage wäre. Also einfach darum bitten, dass das erledigt wird, wobei die meisten Metzger das ohnehin von sich aus machen, weil sie wissen, dass sie in der Regel über schärfere Messer verfügen als Privathaushalte.

Das schiere Fleisch dann zu Hause in etwa 3 cm große Würfel schneiden. Zwiebel und Knoblauch schälen und fein würfeln. Die Datteln entkernen und die Feigen ja nach Größe halbieren oder vierteln. Dann alle Gewürze mit dem Mehl vermengen und diese Gewürzmischung gut mit den Händen gründlich in die Fleischwürfel quasi einmassieren.

Die Lammwürfel in einem Bräter im Olivenöl bei mittlerer Hitze unter Rühren anbraten, anschließend die Zwiebelwürfel glasig anschwitzen und den Knoblauch zugeben. Brühe und Wein angießen und die Zimtstange dazugeben. Das wäre es dann erst einmal, denn nun kommt der Deckel auf den Bräter, und bei kleiner Hitze gart das Fleisch in dem Sud für etwa 1 Stunde, bis es schön zart ist. Im Anschluss Datteln und Feigen sowie Kichererbsen untermischen, bei Bedarf noch etwas Wein oder Brühe angießen und weitere 15 bis 20 Minuten ohne Deckel köcheln lassen. Eventuell nochmals mit Salz abschmecken. Koriander waschen, trocken schütteln und mit den Blättchen fein hacken.

Den Reis mit der doppelten Menge Wasser sowie Kurkuma und Salz in einen Topf geben und gut verrühren. Einmal aufkochen und mit geschlossenem Deckel bei kleiner Hitze etwa 20 Minuten quellen lassen, bis die Flüssigkeit aufgesogen ist.

Den Reis zusammen mit dem Lammtopf anrichten, mit dem Koriander bestreuen und servieren. Bessaha (das soll angeblich Guten Appetit! auf Arabisch heißen).

FRUCHTIGE LAMMSPIESSE MIT COUSCOUSSALAT

FÜR 4 PERSONEN

COUSCOUSSALAT

250 g Couscous
300 ml Gemüsebrühe
1 gelbe Paprikaschote
1 Salatgurke
1 Avocado
3 cm Ingwer
½ Bund Minze
1 Bund Basilikum

VINAIGRETTE

2 Schalotten
2 Zitronen
5 EL Olivenöl
1 EL flüssiger Honig
Salz, Pfeffer
Cayennepfeffer

LAMMSPIESSE

600 g Lammhüfte
1 kleiner Zweig Rosmarin
1 TL Piment d`Espelette
Salz, Pfeffer
2 EL Sonnenblumenöl
4 getrocknete Aprikosen
4 getrocknete Pflaumen
4 Schalotten

Dies ist ein ideales Sommeressen, das sich sehr gut vorbereiten lässt und auch perfekt für mehr als vier Personen geeignet ist, wenn die Zutaten entsprechend verdoppelt werden. Zudem ist es nicht aufwendig und schnell auf dem Teller, wenn der Hunger plötzlich auftritt (so wie gelegentlich bei meiner Frau Claudia).

Den Couscous also in eine Schüssel geben, mit heißer Gemüsebrühe übergießen, mit einer Gabel untermengen und etwa 15 Minuten quellen lassen. Diese Zeit ist ausreichend, um die gewaschene Paprika zu halbieren, zu entkernen und in 12 Vierecke mit etwa 3 cm Kantenlänge zu schneiden (für die Fleischspieße). Der Rest der Paprika wird fein gewürfelt, die geschälte Salatgurke längs halbiert, ebenfalls entkernt und gewürfelt. Auch die geschälte Avocado in Würfel schneiden. Zum Schluss noch den geschälten Ingwer sehr fein würfeln und von den gewaschenen Kräutern die Blättchen abzupfen und hacken. Wenn der Couscous genug gequollen ist, mit einer Gabel auflockern und die vorbereiteten Zutaten untermengen.

Für die Vinaigrette als Nächstes die Schalotten schälen und in kleine Würfel schneiden, beide Zitronen auspressen. Alles in einer Schüssel mit Olivenöl und Honig vermischen und mit Salz, Pfeffer sowie Cayennepfeffer würzen. Die Vinaigrette zum Couscoussalat geben, gut vermengen und etwa 30 Minuten ziehen lassen.

In der Zwischenzeit kann ich das Fleisch waschen, trocken tupfen und in gleichmäßige Würfel schneiden sowie vom gewaschenen Rosmarin die Nadeln abzupfen und fein hacken. Rosmarin, Piment d`Espelette, Salz und Pfeffer verrühre ich mit Öl und vermische die Fleischwürfel damit. Die Marinade darf dann erst mal ein bisschen wirken, während ich die Trockenfrüchte in lauwarmem Wasser etwa 10 Minuten quellen lasse. Dann noch die geschälten Schalotten halbieren.

Bei schlechtem Wetter den Backofen auf 120 °C Umluft vorheizen und bei gutem den Grill.

Wenn alles soweit parat ist, abwechselnd Fleischstücke, Aprikosen, Pflaumen, Schalotten und Paprika auf 4 Spieße stecken und auf dem Grill (oder in einer Pfanne) rundherum etwa 3 Minuten gleichmäßig rösten. Dann die Kebabs an die Seite vom Grill legen und nochmals 10 Minuten ruhen lassen oder im Backofen etwa 10 Minuten fertig garen.

„Keine Grillsaison bei uns ohne Lammspieße. Typisch dazu finde ich Couscous, hier als Salat wirklich schnell zubereitet. Die Frucht gibt dem Lammfleisch etwas Leichtes, Sommerliches. Statt Lamm kann man die Kebabs übrigens auch mit Geflügel kombinieren."

„Diese kleinen Fleischklopse sind mit das Vielseitigste, das ich kenne. Sie lassen sich nahezu grenzenlos abwandeln: statt mit gehackten Kräutern zum Beispiel mit Pistazienkernen oder Walnüssen. Senf muss für mich immer rein (genauso wie dazu!). Statt eingeweichtem Brot dosiere ich sehr sparsam Semmelbrösel, weil sie weder geschmacklich noch optisch aus der Frikadelle hervorstechen.

KRÄUTERFRIKADELLEN AN SPARGELSALAT

FÜR 4 PERSONEN

KRÄUTERFRIKADELLEN
4 Zweige Thymian
1 Zweig Rosmarin
2 Stängel Salbei
½ Bund glatte Petersilie
2 Schalotten
1 TL Butter
500 g Kalbs- oder Rinderhackfleisch
2 Eier
Salz, Pfeffer
edelsüßes Paprikapulver
1 EL Dijonsenf
Semmelbrösel, nach Bedarf
3 EL Rapsöl

SPARGELSALAT
300 g weißer Spargel
300 g grüner Spargel
Salz
1 unbehandelte Orange
2 Frühlingszwiebeln
3 EL Sherryessig
Pfeffer
1 TL Honig
5 EL Olivenöl
4 Stängel Kerbel
1 EL geröstete Sesamsaat

Die Art und Weise, wie ich Frikadellen mache, habe ich von meiner Mutter übernommen. Also nur kurz anbraten und anschließend im Backofen fertig garen. Allerdings hat meine Mutter trockene Brötchen statt wie ich Semmelbrösel genommen, die ich wiederum bevorzuge, denn so klein wie Brösel lassen sich eingeweichte Brötchen nun mal nicht zupfen.

Den Backofen auf 120 °C Umluft vorheizen.
Zunächst hacke ich die gewaschenen Kräuter bzw. die Blättchen und Nadeln fein. Die geschälten und fein gewürfelten Schalotten schwitze ich kurz in zerlassener Butter an und lasse sie dann auskühlen. Sind sie so weit abgekühlt, dass ich sie anfassen kann, vermenge ich alles mit den übrigen Zutaten und schmecke die Hackfleischmasse kräftig mit Salz, Pfeffer, Paprika und Senf ab. Für meinen Geschmack ist es empfehlenswert, die Semmelbrösel sparsam unterzuarbeiten. Nur wenn die Masse noch zu feucht sein sollte, gebe ich etwas mehr Brösel hinzu. Dann 4 Frikadellen formen, von jeder Seite im heißen Öl braun anbraten und anschließend im Backofen etwa 15 bis 20 Minuten fertig garen.

Während die Frikadellen also im Ofen sind, kann ich für den Salat den weißen Spargel schälen (vom Grünen nur die Enden abschneiden!) und sowohl den weißen als auch den grünen in ca. 4 cm lange Stücke schneiden. Diese koche ich wegen der unterschiedlichen Garzeiten nacheinander in reichlich Salzwasser bissfest und schrecke sie in Eiswasser ab. Die abgetropften Spargelstücke kommen anschließend in eine Schüssel. Die Orangen heiß abwaschen, trocknen und die Schale abreiben, danach samt der weißen Haut schälen, die Orangenfilets herausschneiden und zum Spargel legen. Die in feine Ringe geschnittenen Frühlingszwiebeln landen ebenfalls beim Spargel in der Schüssel. Jetzt brauche ich nur noch das Dressing: dazu den Sherryessig mit Salz, Pfeffer, Honig und der abgeriebenen Orangenschale verrühren, langsam das Olivenöl einlaufen lassen und abschmecken. Das Dressing über den Spargel gießen und behutsam mischen.

Mit den Frikadellen anrichten und mit gezupftem Kerbel und Sesam bestreuen, schon ist dieses leichte Sommergericht fertig zum Servieren!

KARTOFFEL-PAPRIKA-TORTILLA

FÜR 8 PERSONEN

KRÄUTERQUARK

1 Bund Frühlingszwiebeln
1 kleines Bund Petersilie
2 Zweige Thymian
2 Zweige Majoran
½ TL grüner Pfeffer
500 g Magerquark
100 ml Mineralwasser oder Milch
Salz

TORTILLA

500 g festkochende Kartoffeln
Salz
je 1 rote und gelbe Paprikaschote
2 Schalotten
1 Bund Schnittlauch
150 g Chorizo
2 EL Olivenöl
Pfeffer
6 Eier
100 ml Sahne

Natürlich könnte ich den Quark auch zubereiten, während die Kartoffeln kochen, aber so kann er etwas länger im Kühlschrank durchziehen und schmeckt dann etwas frischer, wie ich finde. Also schneide ich schon mal die geputzten Frühlingszwiebeln in dünne Ringe und hacke die abgezupften Kräuterblättchen. Den grünen Pfeffer zerreibe ich grob im Mörser und würze damit den Quark, den ich immer mit Mineralwasser oder Milch glatt rühre. So wird er cremiger. Nun noch salzen, Frühlingszwiebeln und Kräuter dazu und ab in den Kühlschrank.

Nun ist die Tortilla dran: die Kartoffeln waschen oder bürsten, ungeschält in einen Topf mit ausreichend Salzwasser geben und je nach Größe in etwa 25 Minuten weich kochen. Anschließend abgießen, etwas abkühlen lassen, pellen und in etwa ½ cm dicke Scheiben schneiden. Die gewaschenen Paprikaschoten halbieren, entkernen und in Würfel schneiden. Die geschälten Schalotten in kleine Würfel und den gewaschenen Schnittlauch in Röllchen schneiden. Nun die in kleine Würfel geschnittene Chorizo in einer beschichteten Pfanne knusprig ausbraten, anschließend das Olivenöl zugeben und die Kartoffelscheiben etwa 10 Minuten bei mittlerer Temperatur darin anbraten. Schalotten und Paprikawürfel hinzugeben und weitere 10 Minuten braten. Alles mit Salz und Pfeffer würzen. Die Chorizo ist sehr würzig, deshalb beim Salz lieber etwas behutsamer sein.

Den Backofen auf 160 °C Umluft vorheizen.
In einer Schüssel die Eier mit der Sahne verquirlen, den Schnittlauch zugeben und etwas salzen. Die Eiersahne gleichmäßig über die Kartoffelmasse verteilen, die Pfanne mit einem Deckel verschließen und die Tortilla bei mittlerer Temperatur etwa 10 Minuten braten und dann im Backofen etwa 15 Minuten backen, bis die Masse stockt. Zum Servieren muss sie gewendet werden, was ein bisschen Geschick erfordert: die Pfanne mit einem großen Teller abdecken, mit leichtem Schwung umdrehen, dabei den Teller fest an die Pfanne drücken und stürzen.

Den Quark aus dem Kühlschrank holen, nochmals umrühren, gegebenenfalls mit Salz nachwürzen. Zum Anrichten die Tortilla in 8 Stücke schneiden und mit dem Kräuterquark servieren.

„Das ist so ein Anders'sches Resteessen wie Risotto. Was habe ich noch im Kühlschrank, was passt? Auf keinen Fall fehlen darf schön kross ausgebratene Chorizo! Diese spanische Wurst ist so herrlich gewürzt, dass man die Tortilla höchstens noch sparsam salzen sollte."

Piroggen mit Hack- und Spinatfüllung

„Seitdem ich sie das erste Mal in Russland probiert habe, bereite ich mir ab und an Piroggen selbst zu. Weil sie sich so gut vorbereiten lassen und man mit den Füllungen spielen kann. Sie schmecken lauwarm oder kalt. Wenn nach dem Essen tatsächlich noch welche übrig sind, genießen Claudia und ich sie am nächsten Tag. Sie lassen sich übrigens auch super einfrieren und bei Bedarf in heißem Wasser erwärmen.“

PIROGGEN MIT HACK- UND SPINATFÜLLUNG

FÜR 6 PERSONEN

TEIG
- 600 g Pastamehl (Type 00)
- 6 Eier
- 1 EL Olivenöl
- 2 EL kaltes Wasser
- Salz

HACKFLEISCHFÜLLUNG
- 1 Zwiebel
- 1 Stange Lauch
- 1 Bund Petersilie
- 1 EL Sonnenblumenöl
- 250 g gemischtes Hackfleisch
- Salz, Pfeffer
- Muskatnuss

SPINATFÜLLUNG
- 1 Schalotte
- 1 Knoblauchzehe
- 200 g Babyspinat (oder TK-Blattspinat)
- 1 EL Sonnenblumenöl
- 2 EL Crème fraîche
- Salz, Pfeffer
- Muskatnuss

AUSSERDEM
- Pastamehl zum Bearbeiten
- runder Ausstecher (Ø 8 cm)

Piroggen gibt es ja in unterschiedlichen Ausführungen, mit Blätter- oder Hefe- oder aber mit Nudelteig. Ich mache immer welche mit Nudelteig und danke an solchen Tagen meiner Küchenmaschine, die die Arbeit hierfür übernimmt. Sie macht das nun mal am besten, wenn Pastamehl mit Eiern, Olivenöl, Wasser und einem gehäuften TL Salz zu einem glatten Teig verknetet werden soll. Es gibt ja durchaus Menschen, die das gern von Hand machen – ich gehöre nicht dazu. Aber was ich anschließend durchaus kann: den Teig in Frischhaltefolie wickeln und bei Zimmertemperatur ruhen lassen.

Während ich also meiner Küchenmaschine durchaus die Teigzubereitung überlasse, lege ich bei den Füllungen selbst Hand an, während der Teig sich von den Strapazen der Kneterei erholt: Für die mit Hackfleisch halbiere ich erst einmal die geschälte Zwiebel, schneide sie in feine Streifen, so verfahre ich ebenso mit dem Lauch (also putzen, längs halbieren, waschen und in Streifen schneiden). Von der gewaschenen Petersilie zupfe ich die Blättchen ab und hacke sie schön fein. Dann ist das Hackfleisch an der Reihe: Öl in einer Pfanne erhitzen, Hackfleisch darin krümelig braten und salzen, Zwiebelstreifen zugeben und kurz mitdünsten, danach den Lauch und diesen so lange dünsten, bis er weich ist. Nun noch mit Salz, Pfeffer und frisch geriebener Muskatnuss würzen, Petersilie unterheben und etwas abkühlen lassen.

Für die vegetarische Füllungsvariante schäle ich die Schalotte und den Knoblauch und schneide alles in feine Würfel. Weiter geht's: Spinat putzen, waschen und trocken schleudern. Das Öl in einer Pfanne erhitzen, die Schalotten- und Knoblauchwürfel darin anbraten, Spinat zugeben und mit einem Deckel verschließen. Nach 2 Minuten den Deckel öffnen und die Crème fraîche unterrühren. Mit Salz, Pfeffer sowie frisch geriebener Muskatnuss abschmecken und den Spinat auskühlen lassen.

Nachdem die Füllungen soweit vorbereitet sind, ist der Teig auch ausgeruht genug, dass ich ihn weiterverarbeiten kann: halbieren und auf einer leicht bemehlten Arbeitsfläche mit einer Teigrolle (oder mithilfe einer Nudelmaschine) dünn ausrollen. Mit dem Ausstecher Kreise ausstechen. Auf einen Teigkreis jeweils 1 EL Hackmasse geben. Den Teigrand mit etwas Wasser befeuchten und mit einem weiteren Teigkreis bedecken. Die Teigränder mit einer Gabel festdrücken, das gibt gleichzeitig ein schönes Muster. Das Ganze mit der Spinatfüllung wiederholen, aber dazu nur einen Teigkreis verwenden. Dieser wird zu einem Halbmond geformt, und die Ränder werden mit einer Gabel fest angedrückt.

Die Piroggen in einem Topf in reichlich siedendem Salzwasser portionsweise ca. 6 bis 8 Minuten kochen, bis sie an der Oberfläche schwimmen. Dann herausnehmen und abtropfen lassen.

BURGER MIT BBQ-SAUCE UND GIN-TONIC-KRAUTSALAT

FÜR 6 PERSONEN

GIN-TONIC-KRAUTSALAT

½ Weißkohl
5 Wacholderbeeren
100 ml Reisessig
100 ml Wasser
100 g Zucker
1 gestr. TL Salz
300 ml Tonic Water
3 EL Olivenöl mit Orange
½ TL Abrieb und Saft von
2 unbehandelten Limetten
1 TL Fünf-Gewürz-Pulver

BBQ-SAUCE

1 Zwiebel
2 Knoblauchzehen
100 g Tomatenmark
50 ml Apfelessig
100 ml Wasser
3 EL Zitronensaft
1 TL Sojasauce
1 TL Honig oder Agavendicksaft
2 Spritzer Tabasco
1 Prise Chilipulver
Cayennepfeffer
Salz, Pfeffer

BELAG

1 rote Zwiebel
1 Avocado
Zitronensaft zum Beträufeln
6 Burger-Brötchen
6 Romanasalatblätter

Sollten Sie ihn in der Zutatenliste vermissen: Gin ist tatsächlich nur in Form der Wacholderbeeren im Krautsalat zu finden. Das Besondere ist aber das Tonic Water (welche Sorte bleibt Ihrer persönlichen Präferenz überlassen!). Der Krautsalat braucht einige Zeit zum Marinieren, deshalb bereite ich ihn als Erstes zu: vom Weißkohl den Strunk herausschneiden und den Kohl so halbieren, dass er sich gut von Hand oder mit der Küchenmaschine in feine Streifen hobeln lässt. Damit sich die feinen Aromen besser lösen, die Wacholderbeeren im Mörser zerreiben und mit Reisessig, Wasser, Zucker und Salz in einen Topf geben. Aufkochen und die Flüssigkeit über den Weißkohl gießen. Tonic Water zugeben und den Kohl kräftig mit den Händen kneten, damit er weich wird. Jetzt beiseitestellen und etwa 30 Minuten durchziehen lassen.

Aus Olivenöl mit Orange, Limettensaft und -abrieb sowie dem Fünf-Gewürz-Pulver rühre ich eine Vinaigrette, die allerdings erst später zum Weißkohl kommt.

Damit die BBQ-Sauce zwischenzeitlich abkühlen kann, bereite ich sie als Nächstes zu. Dazu Zwiebel und Knoblauch schälen und hacken. Zusammen mit den übrigen Zutaten in einen Topf geben, würzen und aufkochen. Bei mittlerer Temperatur etwa 10 Minuten köcheln lassen, anschließend pikant abschmecken und mit dem Stabmixer pürieren. Fast fertig. Nur noch in eine Schüssel umfüllen, abkühlen lassen und in den Kühlschrank stellen.

Jetzt kommt das beinahe Wichtigste für den Burger: der Belag. Dafür schneide ich die geschälte Zwiebel in dünne Ringe. Die geschälte und halbierte Avocado wird in Spalten geschnitten (mit etwas Zitronensaft beträufeln, damit sie sich nicht verfärbt). Den marinierten Weißkohl lasse ich etwas abtropfen und mische ihn mit der Vinaigrette.

Für die Pattys lasse ich mir bei meinem Metzger das Rinderhackfleisch immer ganz frisch durch den Fleischwolf drehen. Nun in einer Schüssel mit Salz, Pfeffer und Paprika kräftig würzen und schön kneten. Dann das Fleisch zu 6 gleich großen und dünnen Pattys formen – das geht am besten, wenn die Hände mit Wasser angefeuchtet sind.

Alexander und ich essen die Pattys am liebsten vom Grill, so können wir auch gleich die Brötchen mitrösten. Nur bei ganz

BURGERPATTYS
750 g Rinderhackfleisch
2 gestr. TL Salz
Pfeffer
1 gestr. EL edelsüßes Paprikapulver

schlechtem Wetter kommen die Pattys mit etwas Öl in die Pfanne und die Brötchen in den Backofen. Das dauert so oder so zubereitet von beiden Seiten jeweils 5 Minuten, dann sind die Burger fertig.

Das große Finale: auf die gerösteten Brötchenhälften BBQ-Sauce streichen, auf die untere ein Salatblatt, darauf der Patty. Auf diesen Avocado, Krautsalat und Zwiebelringe und zum Schluss die obere Brötchenhälfte. Fertig zum Reinbeißen oder aber mit Messer und Gabel genießen! Sollte noch Krautsalat übrig sein, der lässt sich auch dazu oder anschließend essen.

„Neben Sandwiches sind Burger das Ultimative für unseren Sohn und mich. Claudia amüsiert sich, wenn wir diskutieren, was wir alles zwischen die Brötchenhälften zum Fleisch geben wollen. Sehr einig sind wir uns beim Thema Tomaten. Wir finden beide, dass die nun mal gar nicht dazu gehören. Die hier vorgestellte Variante ist also tatsächlich meine / unsere ganz persönliche."

SÜSSES & DESSERTS

MANGOSORBET

FÜR 6–8 PERSONEN
(Standzeit mind. 1 Stunde)

2 reife Mangos
50 g Zucker
250 ml trockener Weißwein
Mango- oder Pfirsichlikör

Mangos sind geschmacklich etwas ganz Wunderbares, wenn man sie beim richtigen Reifegrad erwischt. Sie dürfen nicht zu weich, vor allem aber nicht zu hart sein. Die Schälerei ist nicht kompliziert (wenn man weiß, wie's geht). Ich schneide zunächst ein Ende unten ab, sodass die Mango steht und dann von oben am Kern entlang hinunter. So bekomme ich die beiden „Wangen". In der Schale kann ich das Fruchtfleisch dann würfeln und herauslösen. Das finde ich am einfachsten. Die Mangowürfel gebe ich mit dem Zucker und dem Weißwein in einen Topf, lasse es aufkochen, reduziere die Temperatur und lasse alles etwa 20 Minuten köcheln. Sie sollten schön weich sein und zerfallen, damit ich sie zu einer feinen Creme pürieren kann.

Das fertige Püree schmecke ich noch mit einem guten Schuss Mangolikör ab und lasse es dann auf Zimmertemperatur abkühlen. Ist es soweit temperiert, fülle ich die Masse in meine Eismaschine und lasse das Sorbet etwa 50 bis 60 Minuten cremig gefrieren.

Wer nicht so wie ich eine Eismaschine besitzt, kann das Mangopüree auch in eine flache Auflaufform geben, ins Gefrierfach stellen und hin und wieder einmal mit der Gabel durchrühren, bis es vollständig durchgefroren ist. Das dauert dann ungefähr 3 bis 4 Stunden.

„Ich erinnere mich noch sehr gut an das erste Mal, als ich dieses Mangosorbet gemacht habe. Eigentlich waren alle Gäste satt, aber so ein Nachtisch passt irgendwie immer noch rein, und bei diesem hier schwelgten alle im absoluten Dessertgenuss. Der Clou dabei ist der Likör, der ein so ausgeprägtes Fruchtaroma hat, dass er den Gaumen komplett damit umhüllt."

BIRNEN-BASILIKUM-SORBET

FÜR 8 PERSONEN
(Standzeit mind. 1 Stunde)

1 Bund Basilikum (ca. 50 g)
800 g reife Birnen
Saft von 1 Zitrone
60 g Puderzucker
50 ml Holunderblütensirup
50 ml Wermut, z. B. Martini Bianco oder trockener Weißwein

Zunächst wasche ich das Basilikum und schüttele es gut trocken, dann zupfe ich die Blätter ab und gebe sie in den Behälter meines Hochleistungsmixers. Die reifen Birnen – sie sollten schön saftig und aromatisch sein – schäle ich, entkerne die Viertel und gebe die Birnenstücke ebenfalls in den Behälter. Den frisch gepressten Zitronensaft gieße ich hinein und füge die restlichen Zutaten ebenfalls hinzu. Dann ganz wichtig: den Deckel auflegen und bei voller Leistung etwa 2 Minuten mixen, bis keine Stückchen mehr sichtbar sind.

Das fertige Sorbet kommt anschließend in meine Eismaschine für etwa 50 bis 60 Minuten, also so lange, bis es schön cremig ist. Man kann es natürlich sofort genießen oder aber für den späteren Genuss im Tiefkühler aufbewahren.

Wer keine Eismaschine hat: Das Sorbet kann auch im Tiefkühler zubereitet werden. Wichtig dabei ist, es am besten alle 30 Minuten umzurühren, damit die Eiskristalle nicht zu groß werden. Das Gefrieren dauert so etwa 3 bis 4 Stunden.

Das Sorbet passt gut als kleine Nachspeise oder aber auch mal als erfrischender Zwischengang bei einem Menü.

„Birne ist ja eine dankbare Obstsorte; selbst wenn sie sehr reif ist, dominiert sie nicht. Sie fügt sich wirklich gut an andere intensivere Aromen, man denke nur an Claudias heißgeliebten Ziegenkäse. Deshalb stelle ich der süßen Birne für dieses Sorbet duftendes Basilikum zur Seite, das durch die Frucht etwas ‚zahmer' wird."

Obstsalat mit Limetten-Joghurt-Granité

OBSTSALAT MIT LIMETTEN-JOGHURT-GRANITÉ

FÜR 6 PERSONEN
(Standzeit mind. 1 Stunde)

GRANITÉ
2 unbehandelte Limetten
500 g Naturjoghurt
2 EL flüssiger Honig

OBSTSALAT
¼ Wassermelone
½ Ananas
2 Mangos
4 Pfirsiche
250 g Himbeeren

Für das Granité – meine Variante für Frozen Yogurt – wasche ich eine Limette heiß ab, trocken sie, reibe die Schale fein ab und presse von beiden Limetten den Saft aus. Zusammen mit dem Joghurt kommen Saft und Abrieb sowie Honig anschließend etwa 1 Stunde in meine Eismaschine zum Gefrieren.

Wer keine hat, kann die Joghurtmasse in eine flache Auflaufform geben, ins Gefrierfach stellen und hin und wieder einmal mit der Gabel durchrühren, bis sie vollständig durchgefroren ist. Das dauert etwa 3 bis 4 Stunden.

Die Obstsorten bereite ich entsprechend vor. Hier in diesem Rezept sind es die in der Zutatenliste angegebenen. Die Früchte lassen sich aber auch variieren, je nachdem, was ich bei meinem Obsthändler bekomme. Das Melonenfruchtfleisch schneide ich von der Schale ab und würfle es. Sind viele Kerne dabei, entferne ich diese; es gibt auch sogenannte kernlose Melonen, die sind in diesem Fall natürlich am besten. Die Ananas schäle ich, entferne die schwarzen Punkte mit keilförmigen Schnitten, ebenso den Strunk, und schneide das Fruchtfleisch ebenfalls klein. Von den Mangos schneide ich das Fruchtfleisch vom Stein, schäle es und schneide es in Würfel. Die Pfirsiche wasche ich, halbiere sie, entferne den Stein und schneide sie in Würfel. Die Himbeeren verlese ich lediglich und spüle sie nur ganz kurz behutsam ab.

Das kleingeschnittene Obst mische ich in einer Schüssel, gebe es in Portionsschälchen und verteile darauf das Granité.

„Schnibbeln, was die Obstschale hergibt. In dieser Kombination mit meiner Frozen-Yoghurt-Variante erinnert mich das immer an Kalifornien, an Los Angeles, an Venice Beach. An heißen Sommertagen ersetzt dieser erfrischende Nachtisch auch einfach mal ein Hauptgericht zum Mittagessen."

WARMES OBST MIT LAVENDELBLÜTEN UND HONIG

FÜR 4 PERSONEN

¼ Ananas
2 Äpfel
2 Pfirsiche
4 Aprikosen
2 Bananen
1 TL Lavendelblüten
3 EL Blütenhonig

Das ist eines meiner Lieblingsdesserts, was ich bevorzugt im Sommer mit dem Obst der Saison mache – gut, ausgenommen die Exoten, aber die schmecken im Sommer natürlich auch aromatischer. Am liebsten bereite ich das Obst auf dem Grill mit der noch verbliebenen Restwärme zu oder aber im Backofen.

Zunächst bereite ich das Obst entsprechend der Sorte vor und schneide es in Spalten, Scheiben oder Würfel. Dann mische ich sie und gebe sie in eine große Auflaufform oder in feuerfeste Portionsschälchen. Darüber streue ich die Lavendelblüten und beträufele alles großzügig mit dem Honig.

Alles mit Alufolie abdecken, dabei bitte aufpassen, dass die Folie nicht mit dem Obst in Berührung kommt, und auf dem Grill je nach vorhandener Hitze etwa 15 bis 20 Minuten oder im vorgeheizten Backofen bei 180 °C Umluft etwa 25 bis 30 Minuten erwärmen. Dazu schmeckt natürlich auch noch gut und gerne eine Kugel Vanilleeis …

„Eigentlich braucht man ja beim Grillen nicht wirklich ein Dessert. Schon gar nichts Üppiges. Was aber immer geht: Obst in jeder Form. Einzige Voraussetzung, es muss fest sein, so wie Pfirsich, Apfel oder Aprikose. Alexander und ich sind übrigens die Profis im Grillen von Ananas!“

PFIRSICH-MARACUJA-CREME

FÜR 6 PERSONEN
(Standzeit etwa 2 Stunden)

600 g Plattpfirsiche
150 g Zucker
100 ml Wasser
1 Limette
4 Maracujas
4 cl Pfirsichlikör
5 Blatt Gelatine
2 Eiweiß
Salz
200 ml Sahne
1 Päckchen Bourbonvanillezucker

Es gibt ja bekanntlich Pfirsiche und Pfirsiche. Die „platten" sind süßer, säurearm und deutlich aromatischer, irgendwie „pfirsicher" im Geschmack.

Diese Früchte also wasche und halbiere ich, die Steine müssen raus, dann kann ich die Pfirsiche klein schneiden. Nun kommen sie mit 100 g Zucker und dem Wasser in einen Topf, werden aufgekocht und köcheln bei mittlerer Temperatur etwa 30 Minuten so vor sich hin, bis sie weich sind.

Die Zeit, die das braucht, nutze ich, um die Limette schon mal auszupressen, die Maracujas zu halbieren und das Fruchtfleisch durch ein Sieb zu streichen. Sind die Pfirsiche weich, püriere ich sie erst mit dem Stabmixer und streiche das Püree ebenfalls noch durchs Sieb. Dann rühre ich den Limettensaft, den Likör und das Maracujapüree darunter.

Damit diese Fruchtmasse ein bisschen mehr Stand bekommt, benötige ich Gelatine. Die muss ich erst in kaltem Wasser einweichen und anschließend etwa ein Drittel des Pürees erwärmen, um die Gelatine darin aufzulösen. Ist das passiert, rühre ich dieses Gemisch unter das restliche Pfirsichpüree. Dann schlage ich die Eiweiße mit dem übrigen Zucker und einer Prise Salz zu steifem Schnee, nun ist die Sahne dran, die ich mit dem Bourbonvanillezucker steif schlage.

Sobald das Fruchtmark abgekühlt ist und bereits leicht anzieht – das geht schneller, wenn ich es kurz in den Kühlschrank stelle –, rühre ich zuerst zügig jeweils ein Drittel Eischnee und Sahne unter. Danach hebe ich das restliche Eiweiß und dann die Sahne vorsichtig unter. Je nachdem, was ich später damit vorhabe, fülle ich die Creme in eine große Schüssel oder in mehrere kleinere und gebe sie zum Festwerden in den Kühlschrank. So etwa 2 Stunden.

„Weshalb nimmst du Plattpfirsiche und keine ‚normalen'?, fragte mich neulich ein Freund, nachdem er die zweite Portion genüsslich gegessen hatte. Was macht die denn so besonders? Das konnte ich leicht beantworten: das süß-fruchtige Aroma. Sie schmecken einfach ‚reifer'. Den fehlenden Säurekick bekommen sie durch die Kombination mit der Maracuja."

TIRAMISU MIT BEEREN

FÜR 6 PERSONEN
(Standzeit etwa 2 Stunden)

BEERENFRUCHTSAUCE
je 1 unbehandelte Orange und Zitrone
400 g tiefgefrorene Beerenmischung
100 g Puderzucker
100 ml Wasser

CREME
2 Eiweiß
Salz
200 ml Sahne
120 g Puderzucker
500 g Magerquark

TIRAMISU
1 Packung Löffelbiskuits
300 g frische Beeren

Damit die Sauce etwas abkühlen kann, bereite ich sie zuerst zu. Hierzu wasche ich die Orange und die Zitrone unter heißem Wasser ab, trockne sie und reibe dann von beiden die Schale fein ab. Den Schalenabrieb stelle ich für die Creme beiseite und presse den Saft der Früchte aus.

Dann gebe ich die Beerenmischung mit Puderzucker, der Hälfte des Zitronen- und Orangensafts und dem Wasser in einen Topf und koche das Ganze auf. Die Mischung lasse ich etwa 10 Minuten bei mittlerer Temperatur köcheln, bis die Früchte schön weich sind.

Ist das der Fall, püriere ich sie mit meinem Stabmixer, und um die lästigen Kerne zu entfernen, streiche ich das Fruchtpüree durch ein feines Sieb. Bis es ans Einschichten geht, stelle ich es zum Kaltwerden in den Kühlschrank.

Für die Creme selbst schlage ich die Eiweiße mit einer Prise Salz zu steifem Schnee. Danach kommt die Sahne an die Reihe, diese schlage ich steif und füge nach und nach den Puderzucker hinzu. Den Quark rühre ich mit dem restlichen Zitronen- und Orangensaft sowie dem Abrieb cremig. Dann hebe ich zunächst das Eiweiß und anschließend die Sahne unter, damit der Quark schön luftig wird.

Einige Löffelbiskuits breche ich in Stücke und verteile sie auf dem Boden von Gläsern, dann gebe ich jeweils etwas Fruchtsauce und Creme darüber. Nun schichte ich wieder Löffelbiskuitstücke, Fruchtsauce und Quarkcreme ein, bis alles aufgebraucht ist. Damit die Biskuits schön „durchsuppen" und weich werden, stelle ich das Tiramisu mindestens noch einmal 2 Stunden in den Kühlschrank.

Kurz vor dem Anrichten verlese und wasche ich die Beeren und dekoriere damit die Oberflächen. Buon appetito!

„Das ist die etwas leichtere Version der zweifellos sehr leckeren, aber doch sehr üppigen italienischen Nachspeise. Ich finde, dass die beerige Fruchtsauce und der frische Quark einen wirklich mehr ‚hochziehen' als die Kalorienbombe Mascarpone."

KOKOS-CRÈME BRÛLÉE

FÜR 6 PERSONEN
(Standzeit etwa 2½ Stunden)

2 cm Ingwer
600 ml Kokosmilch
1 Limette
5 Eigelb
50 g Puderzucker
Salz
6 TL brauner Zucker

Den Backofen auf 120 °C Umluft vorheizen.

Crème brûlée ist für mich immer wieder so etwas wie der Bentley unter den Desserts. Diese knackige Kruste und darunter diese weiche Crème – das hat schon was, dieses Zusammenspiel der Texturen. Seit geraumer Zeit habe ich für mich jedoch meine ganz persönliche Lieblingsvariante dieses bekannten Desserts entdeckt: mit Kokosmilch und Ingwer. Klingt exotisch? Passt aber selbst nach Koblenz (und anderswo).

Also, ich schäle zunächst den Ingwer, lasse ihn aber im Ganzen, denn er kommt zusammen mit der Kokosmilch in einen Topf. Dann erwärme ich alles und lasse es bei geringer Hitze etwa 30 Minuten ziehen. Anschließend entferne ich den Ingwer und gebe den ausgepressten Limettensaft zu. Die Eigelbe verquirle ich mit dem Puderzucker sowie eine Prise Salz und rühre diese Mischung in die warme Kokosmilch. Ganz wichtig: Die Flüssigkeit darf nicht kochen, sonst gerinnt das Eigelb! Deshalb lasse ich sie vorher immer lieber etwas abkühlen.

Dann verteile ich diese Mischung auf sechs ofenfeste Förmchen, indem ich sie durch ein Sieb gieße. Schließlich soll ja später keiner auf dem Ingwer herumkauen. Die Förmchen stelle ich nebeneinander auf ein tiefes Backblech, fülle es zur Hälfte mit heißem Wasser und lasse die Crème im Backofen etwa 1 Stunde stocken. Anschließend die Förmchen herausnehmen und abkühlen lassen. Noch mal 2 Stunden kalt stellen.

Auf die abgekühlte Crème brûlée streue ich jeweils 1 TL Zucker. Dann ist es Zeit für den Bunsenbrenner – ich flambiere so lange, bis die Zuckeroberfläche karamellisiert und schön knusprig ist. Sofort servieren!

„Dieser französische Klassiker bekommt einen leicht asiatischen Kick durch Ingwer und Kokos. Schmeckt wirklich frisch und überraschend anders! Übrigens, man braucht nicht zwangsläufig einen Bunsenbrenner, um die Crème ‚abzuflammen'. Der Backofengrill tut's auch: die Schüsselchen auf einem Rost auf der obersten Einschubleiste für 3 bis 5 Minuten in den Ofen geben und bitte dabei beobachten, ob der Zucker nicht verbrennt."

APFELPFANNKUCHEN AUS DEM OFEN MIT CALVADOS-ZABAIONE

FÜR 2 PERSONEN

APFELPFANNKUCHEN
2 Eier
3 EL Zucker
200 ml Milch
120 g Weizenmehl
1 Msp. Backpulver
Salz
2 Äpfel
Zitronensaft, nach Bedarf
1 EL Butter
2 cl Calvados oder Apfellikör

CALVADOS-ZABAIONE
3 Eigelb
60 g Zucker
50 ml Weißwein
50 ml Calvados

Damit die Pfannkuchen schön locker werden, trenne ich die Eier immer, auch wenn das ein bisschen aufwendiger ist, und schlage das Eiweiß steif. Dabei lasse ich 1 EL Zucker einrieseln, so löst er sich besser auf, als wenn ich ihn gleich am Anfang zugebe. Die Eigelbe schlage ich anschließend mit 1 EL Zucker schön cremig und rühre dann die Milch unter. Nun gebe ich Mehl, Backpulver und eine Prise Salz dazu und hebe zum Schluss den Eischnee behutsam unter, sodass der Teig schön fluffig wird.

Ich bin ziemlich flink im Schälen, wer mehr Zeit braucht, um die Äpfel zu schälen, zu vierteln, zu entkernen und in dünne Scheiben zu schneiden, macht das am besten vor der Teigzubereitung (dann die Scheiben mit ein bisschen Zitronensaft beträufeln, damit sie nicht braun werden). Der Teig sollte nicht zu lange stehen, er fällt sonst zusammen und ist nicht mehr so luftig.

Den Backofen heize ich auf 160 °C Umluft vor.

Nun zerlasse ich die Butter in einer Pfanne, gebe den restlichen Zucker zu. Lasse ihn schmelzen und karamellisiere dann die Äpfel darin. Je nachdem, was ich gerade zur Hand habe, lösche ich sie mit Calvados oder Apfellikör ab, lasse die Flüssigkeit verdampfen und gieße den Teig über die karamellisierten Apfelscheiben. Den Teig lasse ich kurz stocken, also ungefähr 3 Minuten, stelle die Pfanne samt Inhalt für etwa 10 Minuten in den Backofen, bis die Pfannkuchen goldgelb sind.

In der Zwischenzeit widme ich mich der Zabaione und schlage mit einem Schneebesen in einer Schüssel über einem Wasserbad die Eigelbe mit dem Zucker, dem Wein und dem Calvados unter ständigem Rühren dick-cremig und schaumig auf. Das dauert meist so lange, wie die Pfannkuchen im Ofen brauchen. Ist alles fertig, stürze ich die Apfelpfannkuchen auf einen Teller, halbiere sie und serviere sie umgehend, bevor die Zabaione zusammenfällt.

„Als Alexander noch ein bisschen jünger war, habe ich Apfelpfannkuchen mindestens einmal die Woche machen müssen (in dem Fall natürlich ohne Alkohol!), weil er die so unglaublich gern gegessen hat. Wenn es schnell gehen muss, sind sie auch immer noch eine perfekte Lösung (selbst mit Zabaione!) – nicht nur für ihn, Claudia isst sie nämlich genauso gern."

„Wenn wir im Winter Heimweh nach Ibiza haben, aber aus beruflichen Gründen in Koblenz sind, sorgt dieser klassisch spanische Kuchen für einen Hauch von Süden bei uns am Rhein."

SPANISCHER ORANGEN-MANDELKUCHEN

FÜR 12 KUCHENSTÜCKE

3 unbehandelte Orangen (à ca. 350 g)
250 g gemahlene Mandeln
5 Eier
250 g Rohrohrzucker
Salz
2 EL Dinkel- oder Weizenvollkornmehl
1 TL Backpulver
Puderzucker zum Bestäuben

Die Qualität der Orangen ist für das Gelingen des Kuchens entscheidend. Die Früchte sollten deshalb wirklich schön saftig sein und selbstverständlich unbehandelt, weil ich ja die Schale benötige. Ich wasche sie also zunächst heiß ab. Zwei der Orangen kommen so, wie sie sind, also im Ganzen und mit Schale, in einen Topf, den ich mit so viel Wasser auffülle, dass sie damit bedeckt sind, und setze den Deckel auf. Für etwa 45 Minuten lasse ich die Orangen dann leicht in dem Wasser vor sich hin köcheln. Von der dritten Orange ziehe ich in der Zwischenzeit die Schale mit einem Zestenreißer ab – so ein „Küchengerät" brauche selbst ich zwar nicht pausenlos, es bewährt sich jedoch in Fällen wie diesen durchaus, sodass sich die Anschaffung lohnt. Die Zesten stelle ich beiseite, bis ich sie für die Deko später benötige.

Ist die Dreiviertelstunde um, gieße ich das Kochwasser ab und lasse die Früchte abkühlen. Dann schneide ich sie in Stücke (sollten Kerne darin sein, müssen die unbedingt entfernt werden!) und püriere diese mit meinem Stab- oder Hochleistungsmixer. Achtung: Beim Stabmixer kann das ein bisschen spritzen!

Der Backofen muss selbstverständlich vorgeheizt (160 °C Umluft reichen aus) und der Boden einer Springform (Ø 26 cm) mit Backpapier ausgelegt werden. Das Backpapier hält meistens besser, wenn man es mit etwas Butter am Boden „anklebt".

Nun röste ich noch die gemahlenen Mandeln in einer Pfanne ohne Zugabe von Fett goldbraun, bis sie anfangen zu duften, nehme sie heraus und lasse sie abkühlen.

Jetzt muss ich lediglich die Eier mit einem Handrührgerät schaumig rühren, dabei nach und nach den Zucker zugeben und eine Prise Salz sowie das Orangenpüree zufügen. Anschließend hebe ich noch Mandeln, Mehl und Backpulver unter und fülle die Masse in die vorbereitete Springform. Den Kuchen backe ich dann im unteren Drittel etwa 55 bis 60 Minuten.

Bevor ich ihn (vorsichtig!) aus der Form löse, lasse ich den Kuchen erst ca. 30 Minuten abkühlen. Wenn er dann komplett abgekühlt ist, bestäube ich ihn üppig mit Puderzucker und garniere ihn mit den Orangenzesten. Schmeckt natürlich richtig gut pur, aber noch besser mit einer Kugel Vanilleeis …

SCHOKOKÜCHLEIN

FÜR 4 KÜCHLEIN

90 g Butter
90 g dunkle Schokolade (66 % Kakaoanteil)
3 Eier
120 g Zucker
40 g Weizenmehl
1 TL Lebkuchengewürz

AUSSERDEM
Butter zum Einfetten
gemahlene Mandeln zum Ausstäuben

Ja, richtig, Schokokuchen ist die reine Sünde ... Aber ich esse ihn auch nicht jeden Tag. Und in diesem Fall sind es kleine Küchlein, dann ist die Sünde nicht so groß! Zunächst heize ich aber – wie immer – den Backofen auf 180 °C Umluft vor, fette schon mal die Souffléförmchen dünn mit Butter und stäube sie mit den gemahlenen Mandeln ein.

Nun lasse ich Butter und Schokolade jeweils in einem Wasserbad schmelzen. Anschließend muss ich nämlich die Schokolade unter ständigem Rühren langsam in die Butter einlaufen lassen. Die Eier schlage ich mit dem Zucker im Wasserbad schaumig auf, bis sich das Volumen verdoppelt hat.

So, und nun die Schokoladen-Buttermasse langsam zu den schaumig geschlagenen Eiern gießen und gut vermengen. Dann hebe ich nur noch Mehl (wenn es nicht ganz glatt ist, siebe ich es vorher) sowie Lebkuchengewürz darunter und fülle die Masse in die vorbereiteten Förmchen. Weil die Küchlein beim Backen etwas aufgehen, lasse ich unter dem Rand etwa einen Fingerbreit Platz.

Je nachdem, wie groß die Förmchen sind, müssen die Küchlein ca. 10 bis 12 Minuten backen. Danach nur noch stürzen und warm servieren. Hmmmm!

„Mindestens eintausend Mal gebacken und ebenso oft für gut befunden. Schmeckt außerhalb der Weihnachtszeit auch ohne Lebkuchengewürz hervorragend. Dazu passt noch Vanilleeis oder -sauce (oder am besten beides). Übrigens, die Kuchenmasse lässt sich auch prima bereits am Vortag zubereiten, in die vorbereiteten Förmchen füllen und über Nacht kalt stellen. So ist das Backergebnis sogar noch besser.“

„Der ‚Big Apple' ohne Cheesecake? Für mich undenkbar! Da ich (leider) nicht regelmäßig dorthin komme, backe ich mir diesen Kuchen eben dann und wann selbst. Für das klassische New York Feeling…"

NEW YORK CHEESECAKE

FÜR 16 KUCHENSTÜCKE

MÜRBETEIG
(Standzeit etwa 1 Stunde)
350 g Weizenmehl
1 Msp. Backpulver
200 g Butter
1 Ei
100 g Zucker
Salz

KÄSEKUCHENMASSE
2 Päckchen Vanillepuddingpulver
500 ml Milch
250 g Zucker
1 unbehandelte Zitrone
600 g Frischkäse
200 g saure Sahne
3 Eier
Salz

AUSSERDEM
Butter zum Einfetten
Weizenmehl zum Bearbeiten
Puderzucker zum Bestäuben

Amerikaner kennen ja keinen Quark, deshalb wird der Cheesecake in den USA mit Frischkäse zubereitet. Er ist also etwas fester als die Käsekuchen, die wir hierzulande essen, aber dafür nicht weniger lecker – eher im Gegenteil! Um ihn zu backen, muss ich allerdings erst für den Mürbeteig Mehl, Backpulver, Butter, Ei, Zucker und eine Prise Salz zu einem glatten Teig kneten und zu einer Kugel formen. Diese kommt dann in Frischhaltefolie gewickelt für etwa 1 Stunde in den Kühlschrank; so lässt sich der Mürbeteig besser verarbeiten.

Währenddessen kann ich die Zeit nutzen, um den Pudding zuzubereiten, der ja anschließend auch noch abkühlen soll. Also Puddingpulver mit etwas Milch anrühren, restliche Milch mit dem Zucker aufkochen (wer's etwas weniger süß mag, reduziert die Zuckermenge entsprechend) und das angerührte Puddingpulver einrühren. Der Pudding ist ziemlich schnell fertig, dann fülle ich ihn um in eine Schüssel und decke ihn mit Frischhaltefolie ab (so bildet sich keine Haut!). Anschließend kann ich den Backofen auf 180 °C Umluft vorheizen und dem Boden einer Springform (Ø 26 cm) mit Backpapier auslegen (Boden vorher mit Butter fetten).

Jetzt ist wieder der Mürbeteig dran: Etwa zwei Drittel vom Teig rolle ich direkt auf dem Springformboden aus, steche ihn mit einer Gabel ein, lege den Rand der Kuchenform an und backe den Teigboden schon mal etwa 15 Minuten. Dann wieder herausnehmen und abkühlen lassen. Die Backofentemperatur kann ich jetzt auf 160 °C reduzieren, das ist ausreichend für den Cheesecake. Den restlichen Teig lege ich auf eine leicht bemehlte Arbeitsfläche, forme ihn zu einer Rolle und wickele ihn zu einer Schnecke auf. Diese rolle ich dann innen am mit etwas Butter eingefetteten Springformrand entlang und drücke sie mit den Fingern zu einem ca. 4 cm hohen Rand.

Nun geht's weiter: Die Zitrone heiß abwaschen, die Schale abreiben und den Saft auspressen. Dann rühre ich Frischkäse und saure Sahne in einer Schüssel glatt, gebe den Zitronensaft und -abrieb dazu. Nun noch die Eier trennen. Die Eigelbe kann ich gleich unter den Vanillepudding und alles dann unter die Frischkäsemasse rühren. Die Eiweiße müssen mit einer Prise Salz noch zu steifem Eischnee geschlagen werden, anschließend kann ich den Schnee unterheben. Die Füllung kommt zum Mürbeteig in die Form. Diese wiederum stelle ich in ein tiefes Backblech und fülle etwa 2 cm hoch heißes Wasser ein. So kommt der Kuchen in den Ofen, wo er ungefähr 60 Minuten backen muss.

Wenn der Cheesecake komplett ausgekühlt ist, kann man ihn mit etwas Puderzucker bestäubt servieren. Besonders gut schmeckt er übrigens, wenn er direkt aus dem Kühlschrank kommt! Dieser Kuchen hält sich einige Tage so frisch, als sei er gerade gebacken worden.

ERDBEERBISKUIT

FÜR 12 KUCHENSTÜCKE

BISKUITMASSE
6 Eier
150 g Zucker
40 g flüssige Butter
160 g Weizenmehl

BELAG
500 g Erdbeeren
2 EL Erdbeer- oder Waldfruchtkonfitüre
1 Päckchen Tortenguss
25 g gehackte Pistazien

Meist kann ich es gar nicht abwarten, wenn es im Sommer die ersten Erdbeeren gibt ... Es lohnt sich jedoch tatsächlich, auf den richtigen Zeitpunkt zu warten, wenn die kleinen Früchtchen reif, aber nicht weich sind. Dann ist dieser Kuchen einfach nur zum Niederknien! Die Pistazien verleihen den Beeren nicht nur eine Kontrastfarbe, die knackige Textur setzt quasi einen „Geschmackspunkt“ zu den Früchten.

Um den Kuchen zu backen, heize ich zunächst den Backofen auf 180 °C Ober- und Unterhitze vor und lege den Boden einer Springform (Ø 26 cm) mit Backpapier aus (das haftet besser, wenn ich es mit ein bisschen Butter „anklebe“).

Nun ist der Biskuitteig an der Reihe: Die Eier in die Rührschüssel einer Küchenmaschine geben und auf höchster Stufe etwa 1 Minute schaumig schlagen, den Zucker unter Rühren einrieseln lassen und die Masse weitere 2 Minuten schlagen. Anschließend die Butter unterrühren. Das Mehl – ich siebe es vorher – nur kurz auf geringer Stufe unterrühren, damit der Teig schön luftig bleibt. Dann die Biskuitmasse in die vorbereitete Springform füllen und im Backofen auf dem Rost im unteren Drittel ca. 30 Minuten backen.

In der Zwischenzeit kann ich die Erdbeeren waschen, putzen und halbieren.

Ist der Boden fertig gebacken, stürze ich ihn vorsichtig auf ein Kuchengitter und lasse ihn erst einmal auskühlen. Sollte er etwas „uneben“ geraten sein, schneide ich ihn gerade und bestreiche ihn mit der Konfitüre (das geht auch mit Schokolade, siehe Tipp). Jetzt kommen die halbierten Erdbeeren darauf und anschließend der Tortenguss (wie der zubereitet wird, steht auf der Packungsangabe – ich nehme meistens solchen aus dem Bioladen, weil der ohne künstliche Zusatzstoffe ist). Noch etwas Guss auf dem Kuchenrand verstreichen und mit den gehackten Pistazien dekorieren. Fertig!

„Mein erstes ‚Küchenexperiment‘ als 12-Jähriger war ein Erdbeerkuchen mit Biskuitteig. Statt Erdbeeren kann man natürlich auch Himbeeren, Brombeeren oder Blaubeeren nehmen. Anstelle der Konfitüre hilft auch, den Boden mit flüssiger Schokolade zu bestreichen – ich mag Zartbitter! –, damit er nicht durchweicht.“

EINS NOCH VIELLEICHT …

Spätestens nach der Lektüre von „MODERN COOKING“ dürfte klar sein: Meine Frau Claudia und unser Sohn Alexander sind der Mittelpunkt meines Lebens! Eine Familie zu haben, ist wichtig für mich, nicht nur, aber auch, weil ich in meinem Berufsleben viel unterwegs bin. Ich liebe mein Zuhause und komme immer gerne von meinen Reisen dorthin zurück. Und bis heute bin ich sehr froh, dass ich Claudia bei unserem ersten „Dinner-Date“ überzeugen konnte (ok, ein wenig Klavierspielen war auch dabei) und sie sich für ein gemeinsames Leben mit mir entschieden hat.

PORTRAIT

Über den deutschen Pop- und Schlagersänger (unvergessen: „Modern Talking"), Musikproduzenten, Komponisten und Songwriter glaubt man, schon alles zu wissen. Aber, dass er leidenschaftlich gern am Herd oder Grill steht? Dass er es liebt, gutes Essen auf den Teller zu bringen oder mit leichter Hand Köstliches in der Küche zu zaubern? So begeistert der „Gentleman of Music" während seiner Shows und mit seinen Hits Millionen von Menschen im In- und Ausland; der Privatmensch entspannt sich beim Kochen und verwöhnt mit seinen kulinarischen Kreationen seine Familie und geschätzte Freunde. Sein Charisma, seine Empathie und nicht zuletzt seine Heimatverbundenheit zeichnen den international renommierten Star gleichermaßen aus. Denn ungeachtet seiner vielen Reisen durch die ganze Welt bleibt für Thomas Anders sein Zuhause in Koblenz sein absoluter Mittelpunkt, wo er seit vielen Jahren mit Ehefrau Claudia und Sohn Alexander lebt.

Gutes Gelingen und guten
Appetit wünscht Euch,
Euer

HIER IST PLATZ FÜR EUER LIEBLINGSGERICHT!

REZEPTREGISTER

Wir bedanken uns bei den Firmen ASA Selection GmbH für die Bereitstellung des Geschirrs und Pfeffersack & Soehne GmbH & Co. KG für die zur Verfügung gestellten Gewürze sowie Accessoires.

THOMAS ANDERS
MODERN COOKING
EINFACH LECKER ANDERS

IMPRESSUM

Herausgeber
Ralf Frenzel

2. Auflage 2017

www.tretorri.de

Idee, Konzeption und Umsetzung: Tre Torri Verlag GmbH

Gestaltung: Ta-Trung, Berlin
People- und Moodfotografie: Johannes Grau, Hamburg
Peoplefoto Seite 194: Guido Karp, Los Angeles
Foodfotografie: Peter Schulte, Hamburg
Food: Julia Luck, Hamburg
Reproduktion: Lorenz & Zeller, Inning a. Ammersee

ISBN 978-3-96033-022-6

Printed in Germany

Für Überarbeitungen und Ergänzungen der vorliegenden Auflage besuchen Sie uns unter: www.tretorri.de